Percussion

もっと音楽が好きになる
上達の基本
パーカッション

冨田 篤 著
Atsushi Tomita

音楽之友社

はじめに

　フランスの思想家・アランは自身の著書『芸術の体系』（長谷川宏訳、光文社古典新訳文庫）なる本の中で、オーケストラにおける打楽器について、次のように述べています。

　「打楽器についていえば、これはさらに雑音に近い楽器だが、リズムだけは確保できるから、嵐のような騒音になんとか規律が保たれる」

　この文章だけ読むと「え？　打楽器って雑音楽器なの？」「魅力はリズムだけなの？」とつい疑ってしまいそうになりますが、もちろん、著者であるアランは打楽器という楽器が雑音楽器だと断言しているわけではなく、この前後に記した文章で打楽器やオーケストラの素晴らしさを存分に語っています。しかし、われわれが演奏する打楽器という楽器はそういう一面、つまり、雑音楽器と呼ばれる危険があるということを認めなければなりません。では、どうすれば「雑音」を「音楽」に変えていけるのでしょうか。本書はその疑問を解決することを目的として執筆しました。

　本書はこれより、専門的な奏法の話はもちろん、技術的な知識の習得に役立てていただけるような内容を記していきますが、まず何よりもみなさんが打楽器奏者として、音楽家としてのスタートに立ったこの瞬間にこそ知っていてほしい、音楽の本質、打楽器の本質に迫るお話を軸に進めていきます。よく、心身ともに、などと言いますが、音楽も同じように、本書を通じてみなさんが心身ともに成長し、素晴らしい演奏家になることを願ってやみません。

余談ながら、私もみなさんと同じように、小・中学生時分に吹奏楽部の打楽器の一員として音楽人生をスタートさせました。もちろん当時は、大人になっても音楽を続けているとは想像もしておらず、野球少年がプロ野球選手を目指す、といった夢のようなものすらあまりなかったと思います。

　どちらかといえば、打楽器や音楽の世界が好きで、なんとなく追い求めていたらいつの間にかこうなった、というほうがしっくりきます。決して誇れる話ではありませんが、自慢できるとすれば、打楽器がずっと好きだったという点以外になく、この大好きな打楽器が、なぜか吹奏楽部では隅に追いやられ、たまの合奏も出番なく終わることもあり、どうして打楽器はいつも脇役なのか、どうにかしてこの打楽器に市民権を！　と本気で考えてきました。しかし、考えれば考えるほど、知れば知るほどに打楽器の本質、打楽器だからできる音楽が見えてきたのは事実。誤解を恐れずに言えば、今こうして打楽器演奏以外の音楽に触れていることも、その疑問だらけの出発点からの延長に過ぎません。

　本書がみなさんのふだん悩んでいる疑問解決に少しでも役立ち、より多くの打楽器好きの仲間が増えていけば、こんなにうれしいことはありません。太鼓を奏でることはすなわち音楽創造の第一歩、大げさな言い方ですが、みなさんの視点が変われば、演奏はもちろん、見える世界が一変するのです。では早速、演奏する準備に入っていきましょう。

冨田　篤

もっと音楽が好きになる
上達の基本 パーカッション
CONTENTS

- はじめに 2

きほんの「き」 音楽を始める前に　　　7

- その❶ 打楽器は主役？　脇役？ 8
- その❷ 太鼓は歌い、踊る 11
- その❸ 理想的なカラダとは 14
- その❹ 理想的な脱力 17
- その❺ 「落とす」とは 18
- その❻ 基礎練習の準備 20
- その❼ グリップについて 21
- その❽ 落として拾う 23
- その❾ バスケットボールのドリブル 25
- その❿ 基礎練習の心得 27
- その⓫ 目的別基礎練習メニュー 28

きほんの「ほ」 自由に音を奏でよう　　　33

- その❶ チューニングについて 34
- その❷ 小太鼓 38
- その❸ 大太鼓 43
- その❹ ティンパニ 45
- その❺ 鍵盤楽器 51
- その❻ シンバル（合わせ） 56
- その❼ サスペンデッド・シンバル 61
- その❽ トライアングル 63
- その❾ タンバリン 65
- その❿ そのほかの楽器たち 68
- その⓫ おすすめエチュード 70
- その⓬ デイリートレーニング・シート 72

きほんの「ん」 奏法から表現へ　73

- その❶　演奏するアタマとココロ　74
- その❷　人と合わせるということ　75
- その❸　そのフレーズはリズミック？ メロディック？　76
- その❹　打楽器的スコア・リーディングのススメ　78
- その❺　作曲家から見た打楽器　80
- その❻　三位一体（さんみいったい）　81
- その❼　メトロノームとの付き合い方　82

きほんの「上」に 楽しく音楽を続けよう　83

- その❶　メンテナンス　84
- その❷　スティック、マレットの選択　85
- その❸　セッティング　87
- その❹　これからも打楽器と友人であるために　89

おわりに　91

特別寄稿「本番力」をつける、もうひとつの練習
● 誰にでもできる「こころのトレーニング」（大場ゆかり）　92

[とじこみ付録] 冨田 篤オリジナル　デイリートレーニング・シート

※ 本書は『Band Journal』誌 2013 年 5 月号から 2014 年 4 月号に連載された「演奏に役立つ ONE POINT LESSON」を元に大幅な加筆訂正を行ったものです

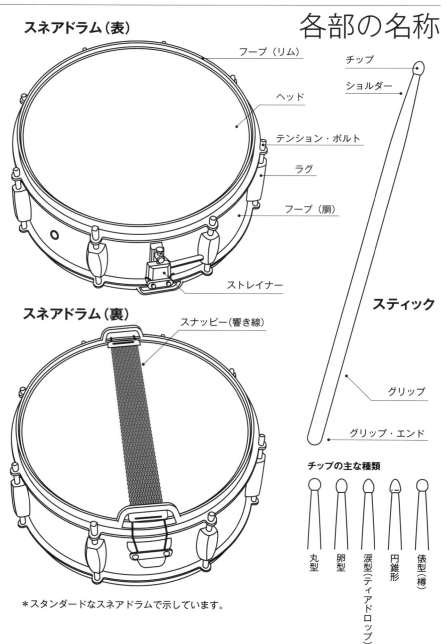

きほんの「き」
音楽を始める前に

Percussion

打楽器は主役？ 脇役？

●オーケストラの楽器

　ロックバンドであれば、ボーカルがいてギターがいて、ベースとドラムを加えれば一つの形になりますが、オーケストラや吹奏楽だとさらに楽器が増え、ヴァイオリンにチェロ、トランペットにクラリネット、フルートやオーボエ、ハープにコントラバス……といった具合に、打楽器の名前が出てくるまでにずいぶん時間がかかってしまいます。

　楽器の序列……なんていうものはないと信じていますが、オーケストラの楽器名を尋ねられて、真っ先に「打楽器」と答える人は、おそらく本書を手にとっているような人たち、つまり打楽器奏者の皆さんだけかもしれません。

●打楽器はいちばん下？

　右のページにあるように、**吹奏楽スコア**では打楽器パートは常に最下段に書かれます。これは、この譜例に限らず、どの吹奏楽作品であってもほぼ同じです。おそらく、オーケストラ・スコアから弦楽器を抜いた、管打楽器だけの楽譜が吹奏楽スコアになった結果、このような状況になったのだろうと推察しますが、ここでは、吹奏楽のスコアの書き方の元になったであろう**オーケストラ・スコア**を見てみましょう（p.10譜例２）。

　スコア上段が管楽器、下段が弦楽器、真ん中に鎮座するは我らが打楽器・ティンパニです。もし皆さんが指揮者だったら、きっと吹奏楽スコアで感じた打楽器の印象より、オーケストラのスコアに書かれたこちらの打楽器をより重視することでしょう。これはあくまで想像ですが、もし吹奏楽スコアの真ん中に打楽器が記されていれば、楽譜から読み取るイメージが変わっていたかもしれません。なにもオーケストラ、吹奏楽に限った話ではありません。こうした大きな編成での音楽は、打楽器パートという「中核」があるからこそ音楽が動くと言っても過言ではないのです。

譜例1　ホルスト：吹奏楽のための《第1組曲》より〈マーチ〉

譜例2　ベートーヴェン：《交響曲第7番》第1楽章より

　さまざまな様式や作法もありますし、できあがってしまった楽譜を書き換えることはできませんが、われわれが「いかにして音楽の中核と成り得るか」という考えを持つことは、いつの時代であっても可能です。

　では、実際にどうすればよいのでしょうか。ここぞとばかりに大きな音を出して注目させる？　目立つようなパフォーマンスで気を引く？
　どれもナンセンス。それこそ思想家アランの言う雑音楽器の哀れな姿そのものです。打楽器が音楽の中核をになう、すなわち音楽の主役に躍り出るためには、われわれにしかできない「心構え」が必要なのです。

太鼓は歌い、踊る

きほんの「き」

●打楽器の仕事

譜例3をご覧ください。皆さんがよく目にする何の変哲もない楽譜です。

楽譜からリズムはわかりますが、これに弦楽器・管楽器が音程を伴って一緒に演奏したら、楽譜がどう見えるでしょうか。

一つのリズムが、音程のあるスケールと連動していることがわかりました。

さらに楽器を増やして、アーティキュレーションを足してみましょう。もはや最初に見た単調なリズムが、そうではない存在であることに気付くはずです。

ご存知のとおり、打楽器、こと小太鼓や大太鼓など、明確な音程を持たない打楽器はドレミを奏することができません。しかし、こうして作曲家が何かしらの意図を持って音程のある楽器を共存させたのは、何か理由があるはずです。それは音程の補助でしょうか、リズムの輪郭を際立たせることでしょうか。それともただの賑やかしでしょうか。

　私はそのいずれも間違っていると思います。打楽器の仕事とは、個性ある有音程の楽器群を束ねるパイプ役、放っておくと散らばりそうになるかもしれない複数の声を、一つの方向に「導く」のが最大の仕事だと思っています。

●音楽全体を導く打楽器

　ここでボロディンの名曲《イーゴリ公》から第2幕の〈だったん人の踊り〉を見てみましょう。

　この「全員の踊り」は、ティンパニと大太鼓による4小節のドミナントからスタートします。ずいぶん古い日本の楽典本には、ドミナントは男性的、サブドミナントは女性的などと書かれていましたが、その表現は当たらずと言えども遠からず。このたった4小節に描かれたリズムの遠近・躍動・力強さが、ほかの楽器が5小節目から一斉に歌い出すエネルギーを生み出しています。

　ティンパニの躍動的なリズムに対して、大太鼓はその頭拍を強く印象付けていくわけですが、互いに皮膜楽器であり、音がとても低い楽器です。地の底から、あるいは、はるか彼方からやってくるこの空気の振動を、どんな音色で運んでいくべきか。

　一方、ほかの楽器とともに現れる小太鼓には4分音符のロールと8分音符。よく見ると、高音木管やヴァイオリンが同じ動きをしています。音程のない小太鼓に、ボロディンはなぜこれらのパートと同じ動きを与えたのでしょう。リズムでもあり、歌でもあり、息の流れを示唆する役割もあるこの音符をどう表現すべきか。パート譜だけでは見えない風景がどんどん広がっていきます。はたして打楽器ができることとは、いったい何なのでしょう？

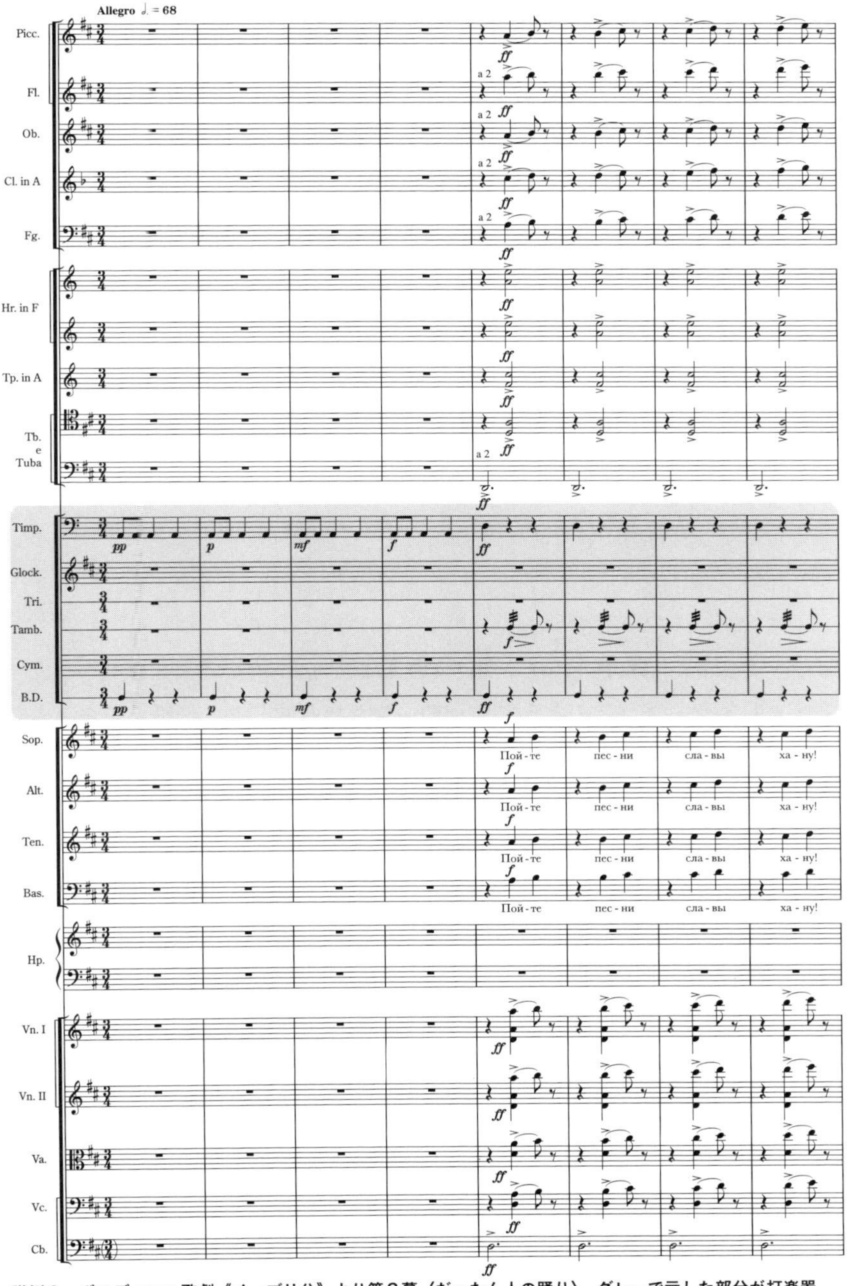

譜例６　ボロディン：歌劇《イーゴリ公》より第２幕〈だったん人の踊り〉。グレーで示した部分が打楽器

理想的なカラダとは

 打楽器の「なぜ?」を探る前に、まずは下準備。打楽器を演奏するための理想的なカラダについて見ていきましょう。なにも筋肉隆々な姿や、スマートな出立ちを指しているわけではありません。ここではまず理想の「姿勢」について話を進めていきます。

●座った状態から姿勢を確認

 結論から言えば**いい姿勢で力を抜いて演奏する**ことが目的なのですが、そもそもどんな姿勢がいい姿勢なのでしょうか。写真1のように座ってみましょう。

 下半身を力まず、手を降ろし、肩があまり前に出過ぎないようにしてください。もし近くに鏡があれば、ぜひ活用ください。その状態で一度立ち上がってみましょう。写真2のように座っていたときと同じようにリラックスした状態で、かつ左右の肩が平行になるようにしましょう。

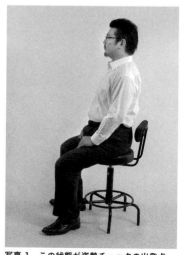

写真1　この状態が姿勢チェックの出発点

写真2　左右の肩は平行にする

その状態から、足の親指に重心を持ってくるように前重心（写真3）、左右の足に重心を置きかえる（写真4）など、前後左右、円を描くように重心をいろいろ変えてみてください。

写真3　前に重心を傾ける　　　写真4　左右の足に重心を置き換えて円を描くように

　上半身に力が入っていると肩が傾いたり、変な猫背になってしまいますが、そのときはあらためて椅子に座った状態まで戻り、姿勢を作りましょう。

●カラダのコアがぶれないように

　重心が変わってもカラダの**コア**がぶれないことを意識することが大事です。みぞおち辺りに体のバランスをとるコアがあるのですが、私たちは、そのボール状のコアが暴れないようにカラダの均衡を保たなければなりません。

　例えば、手のひらに小さなピンポン球を乗せ、ゴトゴトと揺れる電車に乗っている姿を想像してみてください。おそらくそのとき、みなさんはそのボールが落ちないように手のひらを平行に保とうとするはずです。その感覚で、自分の体の中にあるコアが体から飛んでいかないように、体をリラックスさせ、平行を保つのです。例えるなら、体内に手のひらがあり、その上に乗る球の位置を保つイメージです。

●ボールを使ってコアを実感する

　実際に、写真のようにコア付近でテニスボールなどを持ってみましょう。コアを意識することができたら次のステップ。利き手をコア付近に添え、手のひらにボールをのせた状態で、円を描くように重心を移動してみましょう。ボールを落とさずに動けるでしょうか。

写真5　ボールでコアを意識する

●体を同じ状態に保つのは難しい

　人間は、体を常に同じ状態に保つのが難しい生き物です。スポーツ選手であってもそうです。われわれが直立不動で演奏する機会などはほとんどなく、音域によって立ち位置が変わる鍵盤楽器はもちろん、小太鼓やシンバルでさえ、微妙な重心移動を伴って演奏します。そのときに変化する姿勢を支えるのがコアの存在です。もちろん、体の中にコアという部位は存在しないのですが、意識することが重要で、サッカー選手が素晴らしい体勢で豪快なシュートを決める、野球選手が美しいスウィングで飛距離のある弾道を描く、陸上選手が最大の効果を持って地面を蹴りだすなど、それらの基になっているのがカラダへの意識なのです。どんな姿勢にも耐えうるコア作りをわれわれも目指していきましょう。

理想的な脱力

きほんの「き」

●腕の重さを体感しよう

コアを自然に意識した姿勢が作れたら、次はその体で**脱力**にチャレンジします。

写真のように二人一組で、Bの人が両手を胸の前に出し、Aの人がそれを支えます。この状態から、Aの人は何も言わず、タイミングも取らずにサッと手を離してください。

うまく脱力できていれば、Bの人の腕は、まるで糸の切れた操り人形のようにガクッと落ち、ぶらんぶらんと手先が動きながら腰の横で静止するでしょう。

しかし、少しでも力が入っていると手を離してもサッと落ちません。ぶらんぶらんどころか、まるでプログラミングされたロボットのような動きで手を落とすでしょう。

気をつけたいのは、Bの人が

> ●**腕の重みをすべてAに預ける**
> ●**預けたら余計なことを考えない**

の二つを必ず守ることです。

写真6　BはAに腕の重みをAに預ける

人の腕が脱力すると起こる現象、すなわち、自分ですらも想像できない、自分の腕の重さをぜひ体感してください。これは1度や2度では決してうまくいきません。何度もトライして、AとB、双方が自然に「落ちた」と感じるまでやりましょう。打楽器奏法の基本である「(物を)落とす」という行為は、ここから始まるのです。

「落とす」とは

●落とす順番

　では、実際に腕を落とせるようになったら、さらにその動作を深く観察してみましょう。観察と言っても、実像を見て研究するのではなく、脳内での「想像観察」です。下の写真を見てください。

　うまく落とせたときに、まず「落ちた」と感じるのは①肩です。ついで②上腕、

写真7 脱力の過程。①肩、②上腕、③肘、④前腕、⑤手首と指先の順に脱力する

③肘がある程度まで落ちたら（後ろにきたら）、④前腕から⑤手首、最後に⑥指先、といった具合に落ちていくのが分かります。これはうまくいった例ですが、例えば先述のロボットのような……といった動きは、この順番が違ったり、連動していなかったり、どこかが欠落している可能性があります。

　脳科学は日進月歩の素晴らしい研究によってわれわれの知らない世界を次々に明らかにしてくれていますが、音楽が脳に及ぼす影響は、あくまで「影響がある」という程度で、それらを完全に数値化するまでには至っていません。これは音楽を聴いたときに起こる脳の話ですが、演奏するわれわれは、脳をコントロールすることはかなわずとも、脳からどのように指令が下されているのかを「想像する」ことが大切です。先に示した腕の落ちる順番は、図らずも、脳からどんどん遠くなる位置に並んでいます。神経の伝達速度の差など微々たるものなのでしょうが、それでも、上腕より先に手首が落ちる、などといった現象はありえないことなのです。そしてこの動きを知ることが、すべての打楽器演奏に通じていきます。ティンパニであろうとシンバルであろうとトライアングルであろうと、腕を「落とした」ときに起こる動作の順序、自然な動きのルールを知っているからこそ、コントロールが可能になってくるのであり、いわばみなさんのそういったカラダの知識が腕の動きをコントロールしていくのです。

●カラダの準備は整った!

　さて、これで打楽器を演奏する**カラダ**と、その仕組みを理解し、理想的な運動を心がけようとする思考と意思が少しずつ生まれてきたと思います。まだ楽器はおろかスティックも持たずして何の準備かと思う人もいらっしゃるでしょうが、己のカラダを知り、そのカラダの仕組みに沿ったコントロールをすることが、打楽器を演奏するうえで何よりの準備となります。そして、もしこれから先の章で、どうしてもうまくいかなくなったら、またこのきほんの「き」に戻ってきてください。きっとどこかで、みなさんのカラダが言うことを聞かなくなっていたり、脳が順番を忘れてしまっている可能性があります。リラックスした姿で、コアを意識したカラダを保ち、腕を自然な順番で落とすカラダをみなさんの意思で動かしていきましょう。

基礎練習の準備

●基礎練習の目的は？

　基礎練習は、さまざまな楽器を演奏するうえで欠かせない体と技術を育んでいくものです。日々行うことで見えてくる成果があるのはもちろん、自分の調子が悪いときに、なぜ調子が悪いのかを知るためのバロメーターにもなります。そして何よりも、基礎練習は「楽しむ」ものです。練習する本人が自分の成長に喜びを感じなければ、どれだけ練習しても身になりません。日々の自分を観察しながら課題を見つけ、成長していく喜びと楽しさにつながっていくような基礎練習を示していきたいと思います。

●基礎練習を行える楽器環境づくり

　まず**スティック**と**練習台**を用意しましょう。**メトロノーム**（できれば振り子式）と**全身鏡**もあるといいですね。スティックは素材や大きさ、長さが多岐にわたり、練習台も合わせると、基礎練習にとってベストなスティックの判断が難しいところです。昔は太くて重いスティックで木板をバシバシ打っていましたが、今はより楽器に近い形で基礎練習を行える楽器環境が整っていると思います。理想としては、ある程度の太さ（いつも楽器で使っているような太さのスティックでいいと思います）があり、細過ぎず重過ぎず、自分の腕に合った、適度な重さと長さがあるスティックが好ましいでしょう。演奏していてすぐ疲れるようなものや、逆に重さすら感じられないような軽々しいものは好ましくありません。練習台もスポンジ・ゴム・プラスチック・木とさまざまな素材がありますが、発音が見えにくい、聞こえにくい素材や練習していてすぐ疲れるような素材ではないほうが賢明です。

　ちなみに私の場合、スティックはメイプル素材でチップが丸いものを、練習台は木板にゴム板を貼り合わせたものを愛用しています。あなたにとっての「24時間練習していても疲れない」組み合わせをぜひ見つけてください。

グリップについて

きほんの「き」

　グリップ（握り方）は、管楽器でいうアンブシュアにあたり、打楽器演奏の根幹となります。マッチド・グリップとレギュラー（トラディショナル）・グリップの2とおりありますが、本書ではマッチド・グリップを中心に見ていきます。

●グリップの作り方

　まずはスティックのグリップ・エンドから1/3あたりを人さし指だけで握ってみましょう（写真8）。

　そしてこの状態で、いつも演奏するように振ってみてください。もちろん、この後にほかの指も添えますが、まずこの人さし指のグリップを意識することが大切です。もし、この状態でうまく振れなかったり、スティックが右往左往するようであれば注意が必要です。ある程度振れるようになったら、もう一度最初の写真を見てください。この人さし指が巻ききれていない空白の

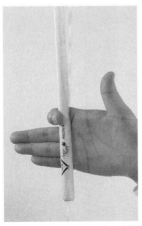
写真8　3分の1あたりを人さし指だけで握る

写真9　親指をくの字に立てる

写真10　グリップができると親指と人さし指のラインが平行になる

場所が親指の場所です。グリップを確認するために親指をくの字にし（写真9）、出っ張った関節を左手で押して倒しましょう（写真10）。そうすると、ちょっとやそっと引っ張ってもブレないグリップができました。このとき、親指と人さし指のラインが平行になるよう心がけてください。

写真11 3本の指を添えたグリップの完成形。グリップエンドは生命線を小指の先端を行き来する

ではこの状態で振ってみましょう。どうですか、先ほどの人さし指だけの状態と違い、よりリラックスした状態でしっかりグリップできたはずです。

最後に、残りの3本指を添えますが、これはあくまで添えるだけ、ちょうど手の中にニワトリの卵を「潰さず持つ」程度に添えてください（写真11）。

グリップがうまくいくと、上の写真11左のように親指と人さし指がグーの中から飛び出したようなグリップになるはずです。その状態でスティックを振ってみましょう。そして振る際に、グリップ・エンド、つまりスティックのうち手の中にある部分が「手のひらの生命線と小指の先端を行き来」するように振ってください。この手の中で起こっている現象がそのままスティックの先の動きになるわけですが、この手の中であっちこっち動いていると大変です。実際に楽器を演奏するときは生命線に当たることはありませんが、その生命線に当たる瞬間は、打面にチップが当たるタイミングです。打面と小指をシーソーするかのごとく、振りながら正確に行き来してみましょう。

落として拾う

きほんの「き」

●「叩く」のではなく「打つ」

ここから音を出していきますが、打楽器は決して「叩き」ません。「打つ」も「叩く」もほぼ同じ意味合いですが、打つは発したものの反応を見る行為、叩くは一方的な行為のように思えます。言葉遊びではありませんが、胸を打つと胸を叩くでは大きな違いがあります。

われわれが演奏するのは「打」楽器ですから、こちらから発したものが楽器を通じてどう「反応」するのかを見極めたいところです。では、一方的ではない打ち方、つまり「叩かない」とはどういうことでしょうか？

●脱力でスティックを落とす

まずは何も考えず、前章で行った「脱力」のように上からスティックを落としてみてください。そうすると、スティックの先端が当たった瞬間に、スティックは戻ろうと跳ね上がってきます。

もっと具体的にスティックの反動について見ていきましょう。次のページの写真を参考に、手をクルッと返して（手の甲を下にして）スティックを支えるように構えてください。

その状態から手を離し、スティックを打面に落としてみましょう。そして、音が出た瞬間、つまりスティックが打面にあたり跳ね返った瞬間に、離した手で再びスティックを拾い上げてください。どうでしょう、重力によって落ちていったスティックをうまく拾えたでしょうか。

コツをつかんだら、

①胸のあたりから落とす
②拾って胸のあたりまで戻す

の動作を繰り返しましょう。

 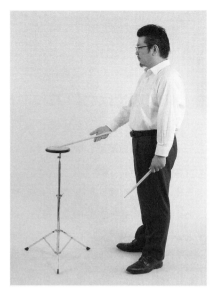

写真12 手の甲を下にして構え

写真13 脱力で手を離してスティックを打面に落とし、再び拾う

　さらに、先ほど学んだ正しいグリップでも同じことをやってみましょう。裏返しと正しいグリップを交互にやります。この二つの奏法で同じ感覚、つまり「落として拾う」感覚をつかんだら成功です。

●「落として拾う」感覚

　さて、この「落として拾う」という行為が、まさに「打つ」という動作そのものです。一方的に「叩いた」わけではありません。狙って落としたものを音として拾い上げることが大切なのです。この練習を、ぜひ小太鼓やティンパニでも試してみてください。きっと楽器本来が持つ響き、純粋な楽器の音色が得られるはずです。もちろん、曲によってはより強い響きが求められたり、より柔らかい音色が求められたりするときも訪れますが、この自然な響きがベースにあるからこそ、より柔軟な音色、音の引き出しが生まれていくのです。

バスケットボールのドリブル

きほんの「き」

楽譜を使って練習していきましょう。ここではまだメトロノームは使いません。後述しますが、メトロノームを使うためには目的がないといけません。

譜例7を自由なテンポで、先ほど学んだ「落として拾う」感覚で打ってみましょう。音量もご自由に。繰り返しも1分くらいを目安に延々と繰り返してみてください。

譜例7

●バスケットボールのドリブル

この連続した運動は「バスケのドリブル」に似ています。スティックはずっとグリップしていますが、チップがボールだとすると、その運動を助ける、つまり「落として拾う」行為はまさにドリブルそのものです。しばし演奏していることを忘れ、スティックでドリブルしてみてください。本来のドリブルと同じですが、慣れてくると手が勝手にドリブル、連続運動を始めます。先の章でも触れましたが、打面に当たるチップと小指に当たるグリップ・エンドが、グリップ部（親指と人さし指）を軸に永久運動を始めるのです。

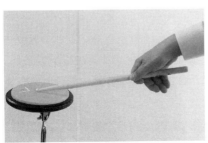

写真14　親指と人さし指を軸にドリブルする

このときに**脱力**も忘れてはいけません。いい姿勢でコアを保つことも必要です。そのためにときには鏡を用い、自分の姿を見ながら、打面の真ん中、コアの延長上でドリブルを行ってください。

　片手ずつドリブルができるようになったら、左右交互に絡（から）むドリブルを取り入れます。まさに両手ドリブルです。このときも演奏しているのではなく、手のシーソーを意識したドリブルに徹してください。慣れてきたらスティックの高さを変えて、ダイナミクスに変化をつけてみましょう。テンポも自由に変えてかまいません。どんな音量であってもどんなテンポであっても、このドリブル運動の本質を変えなければ大丈夫です。

●打つという動作

　この先は実際に毎日行う基礎練習に入りますが、ここでもう一度「打つ」という動作をまとめてみましょう。

　下の図は、ここまでやってきた「落として拾う」動作を絵にしたものですが、円の濃さと同じく、打面に向かって加速したスティックが張力によって跳ね返り、減速しながらスタート地点に戻ってきます。この加速・減速のさじ加減を調整することで音色が増えていくわけですが、例えば減速するスピードを緩めなければ明るい音が、急速に減速、あるいは急停止に近い減速によって重い音色が生まれ、加速のさじ加減まで含めると、無数の引き出しが生まれることになります。ただし、注意したいのは、それらさじ加減の素となる自然な運動を知っているかどうかという点です。料理に味付けしようにも、素材が何なのか、どれくらい量があるのか素を知らなければ、ひどい味付けになってしまいます。基礎練習とは、そんな自分の素を知る、自分のカラダとココロから出る運動がどんなものかを常に知る、大切な練習なのです。

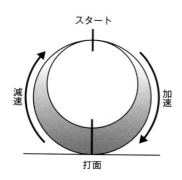

図1　落として拾う。加速・原則の基本運動

基礎練習の心得

きほんの「き」

●目的を持って組み合わせる

ここからは毎日必ず行ってほしい基礎練習メニューを挙げていきますが、当然、日々そのような時間が取れない場合もあるでしょう。もちろん全部やるに越したことはありませんが、これから挙げる基礎練習にはそれぞれ目的があります。以下の5つの心得を参考に自分の練習環境と照らし合わせ、目的を持って組み合わせてみてください。

① **ゆっくり時間をかけて「個人」でやれる場合**：すべての項目を行う
② **パート全体で行う場合**：「ウォーミングアップとリズム」の練習を必須として、ほかの項目は時間配分を考えて組み合わせる（毎日同じ項目ばかりでなく、苦手項目を多く練習する日を設けるなどして、1週間をめどにすべての項目を網羅するよう心がける）
③ **複数人で行う場合**：ときには班を分けるなどして、演奏するグループとそれを観察するグループに分け意見を交換する。複数人での練習は、よく観察することにつながり、そこから得られる気付きも多い
④ 記された範囲であれば**テンポは自由に設定し、無理をしない**
⑤ ダイナミクスの明記はないが、**必要以上に強く／弱く奏さないこと**

また、ここでは各項で左右異なる手順を示していますが、**必ず両方の手順で奏してください**。これは、打楽器の手順が、楽器やフレーズの都合によってさまざまなやり方が想定されるものだからです。利き手を軸とした手順と同じように、左右均等に演奏できるようにしていきましょう。

以後登場する譜例のうち、特に日々の練習で取り組みたいものは、付録の**デイリートレーニング・シート**にも全体を掲載しています。繰り返す時間、回数なども参考として示してあります。

27

目的別基礎練習メニュー

●ストロークの確認と可動域

　先述したドリブルの延長練習を行います。日々の学業や生活から練習モードに入ったとき、この練習を通じて**「昨日の自分」**と比べてどうであるか確認します。もちろん、力の抜けた良い状態での連続運動を行いますが、それに合わせて**手首の可動域**を広げていきます。

　まずはゆっくりでいいので、映像のスローモーションのように、手首を上げ、スティックを落とし、再びスティックを上げてみましょう。おそらく、ほとんどの人はこの可動域に差異がなくきれいに開くと思いますが、実際に演奏し始めると、その可動域のほとんどが使われず、中庸な動きになってしまいます。使える可動域を日々広げていくつもりで、譜例8、9、10を練習してください。

●リズムの習得とフラット化

　次に、リズムを習得し、いかにリズムを「フラット（均一）」に打つかを検証します。いわゆる代表的なリズムが並びますが、これらが曲中に登場し

演奏する際、奏者の「クセ」が出やすいのがこれらのリズムです。

①音の粒を聴き、極力イントネーションに差をつけない
②左右のスティックの高さ、スピードが常に均等であるか観察する

これら二つの注意点は、実際にはほぼ同じ動作につながるのですが、スティックの高さやスピードの変化がリズムのイントネーションに大きく関わってきます。例えば、同じテンポで「タッタカ」というリズムを奏しても、曲によっては、スキップのように軽やかなタッタカもあれば、重苦しい軍靴が激しくこだまするタッタカもあるわけです。そのどちらを表現するためにも、まず「リズムがフラットな状態」を知るべきなのです。

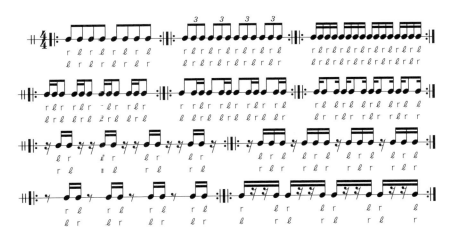

譜例11　時間があるときは、数種類のテンポとダイナミクスで取り組む

●アクセント練習

次に、性質の異なるアクセントを練習します。アクセントは、**その音符を強調する意味**を持って表現されますが、それらを表現するための**技術**が必要です。手首のスナップを使って瞬時にスピードを上げる「スナップ」のアクセントと、スティックの高さを利用した「高さ」によるアクセントを習得しましょう。

①スナップによるアクセント

　手首の運動によるアクセントは、いわば**ムチを打つようなイメージ**なのですが、そのムチは手首だけの運動ではなく**手首自体を動かす腕の運動**にほかなりません。手首はあくまで関節であり、それはスティックを握る手と同じく、部品であると考えます。この部品を瞬時に動かすには、肩から先、脱力の項（p.17）で示した、正しい順序で上腕からのエネルギーを瞬発的に手首へ伝えなければなりません。ゆっくりからでよいので、以下の楽譜にあるアクセントをスナップで奏してみましょう。その際、必ず腕から伝わるムチのような運動を意識して演奏しましょう。

譜例12　スナップによるアクセントの練習

②高さによるアクセント

　スナップのような瞬発力ではなく、スティックを落とす位置を変えてスティックや腕の重みを利用する方法です。譜例の片方を奏している間にもう片方のスティックをゆっくり上げ（チップを肩にかつぐくらいまで）、自然に落としてみましょう。

譜例13　高さによるアクセントの練習

③複合アクセント

　上記①と②を用い「1拍目にスナップ、3拍目に高さ」のアクセントを用いて練習します。スナップと高さ、異なるアクセントを意識して演奏してください。

譜例14　複合アクセントの練習

④3連符のアクセント

左右交互に現れるアクセントを、①で習得したスナップを用いて練習します。左右アクセントの高さとスピードを均一にしましょう。

譜例15　3連符のアクセント練習

●2つ打ち

さまざまな譜列を用いて**2つ打ち**を習得します。2つ打ちは、小太鼓のオープンロールにつながる技術です。1つ打ち、すなわちこれまで学んできた「落とす・拾う」の動作を分割し、2つの音を出すのが2つ打ちです。1つ打ちと違うのは、落として出した音に加え、**拾い上げる際にも音を出す**点です。右の図のように、いったん落としたスティックをそのまま拾い上げず、バウンドの途中で拾いながら音を出します。

コツは、落としたスティックになるべくストレスをかけないように、**無理に腕を上げ下げしたり、バウンドを固く静止させない**ことです。うまくいくと、2つ打つという感覚より、先に述べた「**1つ打ちのストロークで2つの音が出る**」奏法になります。各譜例は左右どちらかが2つ打ち、もう片方は1つ打ちで進行していきますので、そ

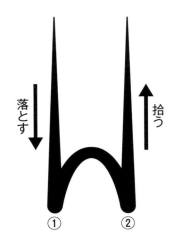

図2　2つ打ちのイメージ図。①と②は同じ場所をバウンドする

の高さやスピードが２つ打ちで変化しないように留意することでできるようになります。２つ打つのではなく、あくまで落として・拾うのです。各項ごとに２つ打ちの場所や手順を変えて記してあるので、１つ打ちのストロークを手本に２つ打ちをマスターしましょう。

デイリートレーニング・シートには、さらに**５つ打ち**（譜例22）、**７つ打ち**（譜例23）、**９つ打ち**（譜例24）の練習を載せています。

チューニングについて

●楽器と語らい、理想の音を見つける

　小太鼓や大太鼓、ティンパニといった皮膜楽器のチューニングは、音へのこだわりはもちろん、楽器の仕組みや原理を知るためにとても重要な作業です。管楽器や弦楽器が合奏する前に行うチューニングとは違い、時間をかけて楽器の音を少しずつ探りながら「これだ！」という音を求めていかなければなりません。慣れるまでは時間はもちろん、手間もかかります。

　しかし、そのチューニングをしている時間が**音へのこだわりを育み**、物を言わぬ楽器からいろんなことを教わるのです。チューニングの過程で、楽器の疲労や汚れなど、ふだんは気付かない（見えない）ところも見つかるでしょう。ぜひ楽器と語らいながらチューニングしてください。

　注意したいのは、楽器の状態が悪い（メンテナンスが行き届いてなかったり、経年劣化した部品があったり）と、せっかくの作業が壊れる一因になることがあります。最初は、楽器店や知識のある人に相談し、チューニングする楽器の状態を確認してもらうことがあってもよいと思います。楽器の声を聞きながら、まずは少しずつ慣れていきましょう。

●小太鼓のチューニング

　小太鼓もインチによって出る音程差はありますが、ティンパニほどの差はありません。例えば、皆さんがよく使われている5〜6インチのものでは、私は目安として**A♭**から**B♭**音前後でチューニングしますが。ただ、個体差もあるので、張り（緩め）過ぎないように注意しながら、太鼓のいい音色を探していきましょう。小太鼓のチューニングは表の音を上記のように決め、そのあと裏ヘッドへと回りますが、裏ヘッドを張りすぎるとスナッピー（響き線）の反応が悪くなり、音色のバランスが崩れてしまいます。裏ヘッドは

薄いものですので、表ほどパンパンには張りません。あまり張りすぎると響き線のあたり具合も変わってきます。太鼓自体の響きを聴きながらバランスよく調整しましょう。また、小太鼓はスナッピーもチューニングの大事な要素です。少しバシャバシャいうくらいに緩めてから、ゆっくり締めていきますが、その際、必ず表ヘッドを打ちながらバランスを聴き分けてください。

　最初は太鼓の音が先行、響き線が後からついてきていたのが、次第に同時に鳴りだします。あまり締めすぎると、太鼓本来の音が消沈し、響き線のキンキンした音だけが鳴ります。

　太鼓本来の音色と響き線の絶妙なバランスを追い求めていくと、しだいに好みの音に出会えるようになりますし、何より、この楽器の音色を好きなようにチューンナップできるという魅力も感じられるようになると思います。ぜひ勇気を持って小太鼓をチューニングしてみてください。

写真15　小太鼓のチューニング。ヘッドの張りと響きのバランスに注意

●大太鼓のチューニング

　小太鼓と違い、大太鼓はヘッドのテンションが低い楽器です。かといってあまり緩めすぎてしまうと、大太鼓本来の低く豊かな響きが得られません。

　まず表のヘッドを緩めた（打っても響かない）状態にし、そこから少しずつボルトを対角線上に、両手を使って締めていきましょう。1周したらビー

ターや手で軽く音を出しながら響きを確認していきます。ある程度の響きが出てきたら、表面の中央部を打ってみましょう。*mf*くらいで音を軽く延ばすくらいに。そのとき、ボスッとまだ張りのない音がでるようであれば、また少しずつ張っていきます。表が緩すぎると演奏自体が難しくなりますので、ある程度の響きが得られたら、実際にしっかり音を出して確かめましょう。

　さらに裏面にも着手していきます。表面の低く大きな振動が裏面に伝わり、その振動幅が広く（深く）なるイメージです。**この裏の響きが大太鼓の響きを大きく左右します。**好みもあると思いますが、私は表より緩めて響きの深さを求めていくようにしています。まずは自分で聴きながら、ときには離れた場所でほかの人に聴いてもらいながらチューニングするのもよいですね。自分の好みや感覚をつかむまで時間はかかりますが、失敗を恐れず、何度もチャレンジしてみましょう。

●ティンパニのチューニング

　ティンパニはインチによって（あるいはメーカーによって）その楽器の最低音と最高音が決まっています。よく「チューニングをしていたら突然上の（下の）音が出なくなった」という声を耳にしますが、これは、ボルトを締めすぎて（または緩めすぎて）最低音が出なくなった可能性があります。たしかに、ある程度無理をすれば出せる高い（低い）音があるかもしれませんが、それはやはり「無理」をしているのです。そもそも、本来あるべき音域をむやみに変えると、楽器自体のバランスが悪くなり、チューニングはもちろん故障の原因にもなります。各メーカーが適切な音域を明示しているので、確認しましょう。

◆最低音を合わせる

　各インチの音域を確認したら、まずはそれぞれの楽器で最低音を合わせていきます。最初にボルトを完全に緩めていきますが、その際にペダルが戻らないよう、かかとのほうを踏んだ状態（音程をいちばん下げた状態）で行う

必要があります。しかし、この体勢ではインチが大きいと反対側に手が届かなかったり、踏み込んだ足をうっかり外してしまったりすることもあるので、**ペダルが戻らないよう何か硬いものをかませたり、もしくは二人でやってもよい**かもしれません。完全にボルトを緩めた状態のペダルはとても強い力で跳ね返ろうとしますので、注意しながら作業してください。

　最低音はピアノなどから音を出して確認したいところですが、慣れないうちはチューナーなどで確認し、最低音が出るところまで締めていきましょう。

◆ティンパニのチューニングに慣れよう

　最低音がある程度合ってきたら、その楽器の音域の中央あたりまでペダルを踏みます。本来であれば最低音をきちんとチューニングすべきですが、まずは聴き取りやすいところから始め、ティンパニのチューニングに慣れていくためにも、そのインチでよく使う音程などを特定の音と決めて、その音をチューニングしていきましょう。ここからは可能であればチューナーを使わず、ピアノなどで音を弾き、その音をハミングしてみます。私も高校生の頃からこの音取りを学びはじめましたが、耳の訓練にも大いに役に立っていきました。ある程度音程が定まってきたら、そのハミングしている口を打面スレスレまで近づけてみましょう。もし**音程が合っていればティンパニは共鳴します**が、合わなければティンパニは共鳴しません。

◆ゲージを合わせる

　特定の音がチューニングできたら、ゲージにある音を一つずつチューニングしていきます。ここから先はボルトに触れず、ゲージを合わせていくだけですが、気をつけたいのは、ペダルは一方通行、上げすぎたからといってクイッと下げて合わせないようにしてください。もちろん、ペダル自体は一方通行ではありませんが、上げたものを下げて合わせるのと、下げたものを上げて合わせるのでは、若干の違いが生まれます。**必ず下から上へ合わせるクセをつけましょう。**

きほんの「ほ」

小太鼓

 小太鼓にはきほんの「き」で学んだ技術以外にもさまざまなテクニックがありますが、ここでは、必ず習得したいテクニック「ロール」と「装飾音符」についてみていきましょう。

●オープン・ロールとクローズド・ロール

 オープン・ロールについては、p.31で2つ打ちを学びました。さらに滑らかなロールを目指してクローズド・ロールを練習しましょう。まずは図3のように、片手でなるべく多くの粒をバウンドさせてみましょう。

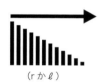

図3　片手のみのクローズド・ロール

 音量は無理なく自然に出せるくらいでかまいません。この練習ではこの粒をできる限り延命させていくのですが、粒が終わる最後のほう、線香花火の落ちる寸前をできる限り、きめ細やかに延ばしてあげてください。左右ともにある程度の時間延ばせるようになったら、確認のためにメトロノームを鳴らしながら検証します。譜例25のように休符を入れながら、左右の粒をできる限り長く、ほぼ同じ数・時間にしていってください（もちろん正確に2分音符である必要はありません。左右が同じであることが大事です）。

譜例25　図3を楽譜表記したもの

次に譜例26を演奏します。

譜例26　左右で2分音符を連続させる

ここで初めて左右の溝が少しずつ埋まってきますが、図4のように、先ほど線香花火に見立てた尾の部分を「のりしろ」だと思い、左右が止まることなく紡(つむ)いでいきます。

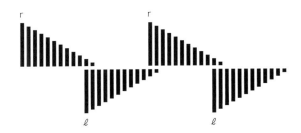

図4　両手のクローズド・ロール

さらに譜例27に入りますが、ここでものりしろを大事に、決して粒の数を減らさず、バウンドする間隔だけが圧縮されるようにしていきます

譜例27　間隔が圧縮されていくクローズド・ストローク

粒が減りそうになったら、楽譜を逆戻りしていくつもりで練習してください。**この粒の滑らかさとのりしろの長さがクローズド・ロールの肝(きも)**となっていきます。この練習がある程度進んだら、次のステップです。

●八の字とロープウェイ

　粒が滑らかになったロールのダイナミクスを変化させます。まずは写真16のように、中心に向かって「八の字」にチップを広げていきましょう。**打つ場所によってダイナミクスに変化をつけるのが小太鼓の大きな特徴**ですが、これはあくまでロールの移動法。リズムを奏する場合は写真17のように真っすぐチップを移動させます。

写真16　ロール時のダイナミクスの変化（*pp* → *ff*）。中心に向けて八の字にチップを広げていく

写真17　リズム奏でのダイナミクスの変化（*pp* → *ff*）。中心に向けて真っすぐにチップを移動していく

　これはリズムを「刻む」ときとロールを「響かせる」ときで、まったく異なる音色を引き出すための違いによるものです。

　場所を変えてロールができるようになったら、さらに「高さ」という要素も取り入れてみましょう。

◆高さによる違い

　小太鼓は場所によってダイナミクスを変化させますが、さらにほかの打楽器と同様に「高さ（打面とチップの距離）」も併用します。下の図のようにダイナミクスに沿って場所と高さを変えてみましょう。

　f は高く近く、*p* は低く遠くのイメージです。最初は高くすると粒が荒立ちますが、それをカバーするのはストロークの間隔です。あまり速すぎると今までの練習が水の泡となりますが、勇気を持って高く近いところまでロープウェイを「滑らかに」引き上げてみてください。

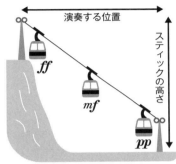

図5　*ff* では高く近く。*pp* では低く遠く

●装飾音符

　小太鼓の装飾音符は**落下する高さの違いで**タイミングと音色を変えます。図6のように高さの違うビルから物を落とすと、当然ながら、落ちるタイミングも落ちたときの衝撃も変わります。

　これがビルの99階と100階なら大きな違いはないでしょうが、10階と100階ではかなりの時差と衝撃の差が生まれます。

図6　高さの違いでタイミングと音色が変わる

　次の譜例を演奏してみましょう。

譜例28

この際、装飾音符は打面から３cm、本音符は打面から30cmの高さから「同時に」落としてみましょう。装飾音符が弱く明確な「チッ」という音色、本音符が芯のある「トン」という音色で両者に違いが出れば成功です。
　次の譜例は、装飾音符が増えていますがやり方は同じです。

　例えば、曲によってこの装飾音符を強めたければ高さを少し上げてみてください。大切なのは**高さを変える準備**をしておくこと。*p*であっても*f*であっても、小太鼓の装飾音符は、その**高さの違いから生まれる**のです。

　また譜例30のようにさらに多くの粒が出てきた場合、さすがに高さを瞬時に変えるわけにはいきませんが、装飾音符と本音符の音色の違いを生み出すために、低く入った２つ打ちから、本音符に向かって**引き上げる（スピードを増す）**ように演奏してみてください。

　装飾からスピードを変化させ本音符へ移行することができると、音色の違いが生まれます。

●エチュード

　ロールと装飾音符を使ったエチュードをさらってみましょう。デイリートレーニング・シートに掲載した譜例31がそれです。

大太鼓

大太鼓はオーケストラや吹奏楽の中で、コントラバスやティンパニとともに低い音色を奏でる楽器です。

●大太鼓の立ち位置と左手の使い方

大太鼓はその楽器の大きさからか、なんとなく大太鼓の背に立ってみたり、真正面に立ってみたりと、何か理由があってその位置に立っている姿をあまり見かけない楽器です。理想としては写真18のように**打面に対しやや斜め（45度以内）に立ち、右手がストレスなく振れる**環境を作ります。

打点は打面の中央。場面によって若干変えることもありますが、基本的には中央です。左手がいわゆるミュートに相当するのですが、よくマーチなどで「押さえて・離して・押さえて」を繰り返しているのを見かけますが、基本的に、ビートを刻むようなシーンでは左手はつけたままでかまいません。

響きによって位置を変えたり、接触している指の本数を変えたりしてみましょう。もちろん一発ドンと打ち鳴らすときには、この左手は不要です。

きほんの「ほ」

写真18 打面のやや斜めに立ち打点は打面の中央

写真19 ミュートの役割を果たす左手

●大太鼓のロール

　大太鼓でロールのクレシェンドをする際に、図7のように上下から中心へ打点を移動しているのをよく見かけますが、ほぼ同じ効果で、もう少しシンプルにビーターを運ぶ方法があります。

　下の写真のように構え、点線で示したように中心に進んでください。まるで**ホールケーキをカットするような方法**ですが、これでも十分にロールが可能で、ある程度いい姿勢も保たれます。ストロークの数などは、次のティンパニの項で説明するものに近いですが、サステイン（音の余韻）が長い分、乱打には要注意です。ぜひ楽器の響きに耳を澄ませましょう。

（上）図7　上下から中心へ移動するロールのクレシェンド

（中央・右）写真20　ホールケーキをカットするような軌道のクレシェンド

●エチュード

　大太鼓のエチュードはあまり多くありませんが、この大型楽器をコントロールするつもりで挑戦してみましょう。

譜例32

その4

ティンパニ

●ティンパニは第2の指揮者

オーケストラの世界ではよくティンパニを第2の指揮者と呼びます。その理由はいくつかありますが、指揮者が最前列で棒を振るのに対し、ティンパニストは最後尾、ひな壇の最上段でオーケストラを鼓舞していきます。その出立ちもさることながら、**ティンパニの奏でる音がトニック音（主役）とドミナント音（主役を迎え入れる音）で構成されている**、つまり**音楽の起結を支配している**ことも大きな要素であると言えます。もちろん、それ以外の音を奏する機会も多いのですが、ハ長調であればCとG、ニ長調であればDとAといった具合に、各調のトニックとドミナントを演奏する仕事が多いのがこのティンパニです。まさに音楽を導く大切な楽器の一つなのです。

きほんの「ほ」

●マレットは木？　竹？

ティンパニのマレットは大きく分けて二つの種類があり、「木」の柄か「竹」の柄でできたマレットを主に使います（ほかにファイバーでできた柄などがあります）。

特徴としては、木であればマレット自体に重さがあるため、使い方によっては楽に音が出せる場合があり、一方の竹は木よりも軽いためロールなどがコントロールしやすく、音程もクリアであるといった利点があります。私の場合、作品の様式や指揮者の指示にあわせて木や竹のマレットを使い分けますが、それらマレットも、頭の芯がコルクであったり木

写真21　竹のマレット（左）と木のマレット（右）

であったり、マレットの作り手によってその仕様は異なります。これにフェルトの厚さやシャフトの長さなど、さまざまな要素が入ってきますので、マレット選びは、無限の可能性と裏腹に膨大な時間と手間がかかるのです。それも一つの楽しみではありますが、選ぶ時間がなかったり、限られた予算で決めなければならない学校の現場などではそうも言っておれず、「どんなマレットがいいですか？」と私も必ず質問されます。そのときにまず最初に「今はどんなマレットを使っていますか？」とお聞きして、今のマレットへの不満はもちろん、良いと思う点も挙げてもらい、そのうえでアドヴァイスするようにしています。

　できれば**好みのマレットで硬さを数種類、せめてハード、ミディアム、ソフトを所持してほしい**ところですが、吹奏楽の現場ではほぼハードのみ、中にはベリーハードだけが何種類もある団体もあり、マレット選びの難しさを感じます。ひょっとすると、もっと硬い音が欲しくてだんだんそうなっていったのかもしれません。

●マレットや楽器の個性を引き出す技術

　マレットの硬さだけではなく、打つべき場所が間違っていたり、さらに言えば打つタイミング自体が遅く、音が埋もれている可能性もあるでしょう。

　たしかにマレット選びは重要ですが、それ以上に、マレットや楽器の持つ個性を十分に引き出す術を身につける必要があるのです。たとえば、ティンパニの打点は、打面の中央からフープまでの1/3あたりです。

　右の写真と、自分が奏するときの打点を改めて比較してみましょう。

写真22　打つ位置は中央から手前の縁までの1/3あたりのところ

●マフリング（消音）

ティンパニの譜面でよくある例をご覧ください。

譜例32

G音でクレシェンドしたのちC音を奏するわけですが、このクレシェンドしたGをそのまま響かせた状態でCを打ってしまうと、Cを打ったときにGの音が残ってしまいます。次の例でも同じような現象が起きてしまいます。

譜例33

もちろん、このまま何もせずとも大丈夫な場合もありますが、これがもしテューバであれば、特定の音を吹きながら違う音を出すのは、重音、つまり特殊奏法になるわけです。硬めのマレットを選択する傾向は、このように音の処理がなされていない状態で大きな音、クリアな音を求めるあまりに出た、苦し紛れの結論なのかもしれません。

残った響きを止めるテクニックが**マフリング**です。

①マフリングの場所

写真23のように、**マレットをグリップした状態のまま、中指・薬指・小指などでヘッド（膜）に触れて響きを止めます。** 打った場所、あるいはその円周上で止めるのが理想です。

写真23　マフリングは中指、薬指、小指で行う

②マフリングの練習

　では、実際に譜例を使ってマフリングしてみましょう。マフリングの基本は**次の音を打つと同時に**マフリングすることにあります。早すぎると音価より短く、遅いと次の音にかぶってしまいます。同時であることが大切です。最初はマフリングする位置を確かめながら、ある程度止まるようになったらブラインドタッチで、打面を見ずに一つずつ正確にマフリングしてみましょう。

写真24　マフリングの基本は、「次の音を打つと同時」。早すぎず、また次の音にかぶらないように

CとGを交互にマフリングしてみましょう。

GからCに移るときにGをマフリングしましょう。

休符をマフリングしてみましょう。

音程が変わる各タイミングでマフリングしてみましょう。

譜例 37

もちろん、曲やテンポによっては、マフリングが効果的ではない場合も多々あります。自分で考えたり、指導される先生や仲間と相談しながら判断してください。

マフリングによって**クリアな音程を引き出せる**瞬間も多く訪れます。ぜひ習得してください。

●ロールについて

ティンパニでは、マフリングと同じくロールという技術が大切です。ロールの基本となるのは、**音を持続させる行為**です。なんだ、そんなこと当たり前だとお叱りを受けそうですが、はたしてみなさんのロールは、ティンパニの音の持続に必要な奏法となっているでしょうか？

①響きをつなげる

ティンパニを打てば分かりますが、ほかの皮膜楽器と比べても、ティンパニの単音は長く持続します。この長く響く特性を持った楽器に、例えば小太鼓のロールのような速いストロークで粒を入れようものなら、自分で打った音を響く前に自分で消しているようなものです。これはサステインの長い打楽器のどれにも共通しますが**響きを聴き分け、必要最低限のストロークで音程を持続させる**ことに着目します。まずは次の譜例を演奏してみてください。

譜例 38

これはリズム練習ではありませんので、メトロノームを使う必要はありません。あくまで「響きをつなげる」練習だと思ってください。そして、最後のロールに入る前に音程の持続、つまり響きの層が安定したら、そのストロークをしばらく持続してみてください。そのままの状態で次の譜例に突入します。

譜例39

●ダイナミクスを変化させる

その響きを持続させたまま、ダイナミクスを変化させます。ここでもみなさんが感じるおおよそのテンポで大丈夫です。クレッシェンドする際、ストロークの数をあまり増やさず、マレットの高さ、つまり打点とマレットの先が上がったときの頂点の距離をどんどん広げてみてください。

少しロールが荒くても最初は気にせず、譜例を何度もリピートしましょ

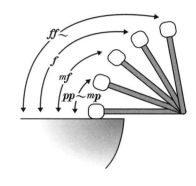

図8　マレットの高さによる音量の違い

う。高さの変化に慣れてきたら、今度はクレッシェンドする際に荒くなった粒を「滑らかにする」程度、ストロークの数を増やしてみましょう。これも倍増するほどではなく、7連符が8〜9連符になった程度で十分です。もっと少なくてもよいかもしれません。あくまで「響きを持続する」のが目的で、連打することではありません。

●エチュード

これまでの技術をふまえ、デイリートレーニング・シートに3つのエチュードを掲載しました（譜例40、41、42）。マフリングやロールも登場するので、ここで学んだことを生かしながら演奏してみましょう。

鍵盤楽器

●音数は多いけど魅力ある世界

　調律された木あるいは金属の音板をマレットで響かせ、美しい音色を奏でるのが、鍵盤楽器です。音域は違えど、グロッケンシュピールやシロフォン、マリンバなどはピアノのようにたくさんの音板が並んでいますし、楽譜上の音数も多く、器楽の初心者にはどうしても敬遠されがちです。しかしこの鍵盤楽器という打楽器は、その労力を忘れるほどの魅力がたくさん詰まっています。旋律を弾くこともあれば和音を彩り、木管やヴァイオリンに光を与え、コーラスのはるか天上で天使の鐘を鳴らし、ときには小太鼓とともにけたたましい音色を放出したりすることもあります。

　鍵盤楽器を弾くために、まずは練習のための準備をしていきましょう。

●練習の前に

　ここではマリンバを使った譜例を紹介していきますが、シロフォンで音域を変えて演奏してもかまいません。さて、そのシロフォンですが、学校現場に行くと音板がいくつも削れ、見るも無残な楽器を目にすることがあります。その多くは「硬いマレット」で練習した血と汗と涙の勲章でしょうが、それは決して誇れる勲章ではありません。「音板は消耗品」などと間違っても口にするべからず。**音板は大事に使えばそんな数年で削れる代物ではない**のです。

　シロフォンに限らず、ウッドブロックやテンプルブロックなど、いわゆる木質の打楽器に共通して言えることですが、どれも**衝撃が強いと割れる可能性がある材質**と認識したうえで、日々の練習に取り組まなければなりません。硬質なマレットでガンガン打たなくとも、ゴム・マレットや毛糸の巻いてあるマレットで練習する方法、目的はいくらでもあります。シロフォンの難しいパッセージを、四六時中ずっと硬質マレットで演奏するより、やわらかなマレットで手順を体と頭にたたき込み、確認程度に数回、本番用のマレット

きほんの「ほ」

で演奏すればどれだけ効率的なことか。毎年買い換える音板の代金を貯めれば、きっともっといい楽器が買えるはずです。ぜひ未来ある環境保護のためにも練習環境を変えていきましょう。

●マレットの持ちかた

鍵盤用のマレットは、柄そのものがしなる藤でできたものが多く、最近ではバーチのようにしならない素材の柄も増えてきましたが、基本的に2本のときのグリップに違いはありません。スティックでは後ろ3本指を浮かせていましたが、鍵盤マレットは細く、頭が重くできているため、写真のように小指までしっかりグリップします。

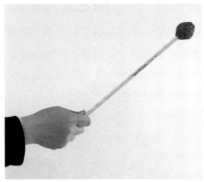

写真25　マレットは小指までしっかりグリップ

4本マレットの場合は写真26のように外声（返したときに小指側にくるほう）を下に、内声（親指側）を上にクロスさせ、写真27のようにクロス

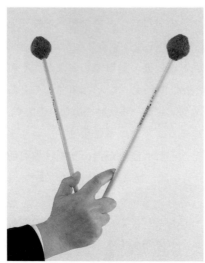

写真26　外声を下、内声を上にクロス

写真27　中指は使わず内側を支える

した箇所を小指と薬指で、中指は使わず、人さし指を親指で柄の内側を支えます。これで準備完了です。

●半音階とスケール練習、アルペッジョを含む

まず2本マレットで半音階を練習していきます。早弾きでタイムを競うわけではないので、**まずはゆっくりから**スタートします。

譜例43　半音階の練習を通して鍵盤楽器の体の使い方を学ぼう

ここで学ぶのは**鍵盤楽器の体の使い方**です。マリンバはピアノと同様、白鍵が手前、黒鍵が奥に配置されていますが、鍵盤が指の届く範囲に収まるピアノとは違い。音域によっては手を伸ばしてようやく届く黒鍵もあります。ここで、すでに学んだ「体のコア」（p.16参照）について思い出してみましょう。このコアを中心に、下の写真のように**軸を回転させる**ように弾きます。手を伸ばすだけではなく、回転するのです。

写真28　腕を伸ばすだけではなく、軸を意識して体を回転させる

この**コアを軸とした回転**によって、黒鍵とマレットの距離はグッと近くなり、姿勢を保つことができます。また、弾いている音板はできるだけ体の前で演奏したいので、**少しずつ歩幅と左右の重心を変えながら演奏**しましょう。
　２本マレットによる演奏はもちろん、音域が広く、ときには両手を思い切り伸ばして奏することもある４本マレットの曲でさえ、弾いている音板をできる限り体の中心に据える努力をしなければなりません。

●スケールを学ぶ重要性

　スケール（音階）を学ぶことは、音楽そのものを学ぶこと。音楽をひも解いていくうえでとても大切なことです。耳に残る旋律も、美しい和声も、このスケールから生まれたものであり、音程の関係性を知っているからこそ、機能的な運びも音楽的な情感も湧いてくるのです。
　太鼓さえできれば鍵盤は特にできなくても……と思われるかもしれませんが、合奏の中でその太鼓と一緒に演奏する管楽器や弦楽器の人たちも、スケールを学んでいます。相手を知らなければ、どんな音を添えればよいかすら分からなくなることもある。逆に言えば、太鼓が好きだからこそ、鍵盤楽器でスケールを身に付け、ほかの楽器の音はもちろん。音楽自体をより多くのアンテナで感じ取れる感性を育てたいところです。
　スケールは全音と半音による規則的な階段ですが、調によってその色彩を変え、音楽のパレットを増やしていきます。一つとして同じ色の調はありません。とりわけみなさんがよく演奏する西洋音楽は、このスケール（音階）とアルペッジョ（分散和音）によって成り立っているものが多く、それらを学ぶことが、作品を演奏するための下準備になっていきます。
　例えば、一度もイ長調のスケールを弾いたことがなければ、その特性も難しさもわかりません。もちろん曲の中で学ぶことも大いにありますが、スケールが頭と体になじんでいる人とそうではない人では、作品理解や習熟する時間のかけ方が大きく異なってきます。鍵盤楽器の練習のため、とは思わず、**音楽全般に関わる大切な練習**だと思って取り組んでください。
　デイリートレーニング・シートには調号４つまでの長調のみ提示していますが（譜例44〜52）、ぜひこのほかの長調・短調にも取り組んでください。

●4本マレットの練習

まずは外声と内声に振り分けて練習します。

譜例 53

クロスしている部分は「鉄棒を握っている手」、その軸を中心に回転するようなイメージで各声部を奏してください。うまくいかないときは一度楽器から離れ、片手はそのままマレット２本、片方を手ぶらの状態にし（内声・外声いずれかの）マレットのヘッド部を、もう片方の手のひらに乗せ、反対側を振ってみましょう。手のひらに乗せたヘッドがバタバタと動かず、手のひらの上をコロコロと転がるように。軸であるクロス部を意識しながら振ってみましょう。

さらに簡単な和声をロールで演奏してみましょう。

譜例 54

ティンパニほどではありませんが、マリンバも響きのある楽器なので、**ロールをむやみに連打せず、美しい響きを持続させましょう**。鍵盤楽器で味わった音色と色彩感が、きっとほかの打楽器演奏にも役立つはずです。ぜひいろいろな作品に挑戦してみてください。

マリンバは専門奏者も数多くいる楽器です。片手間の練習で済ませてしまっては、その奥深い魅力は味わえません。太鼓だけでは味わえない、素晴らしき鍵盤の魅力に出合えるよう向き合ってみてください。

シンバル（合わせ）

●重いけれど雄弁なシンバル

　シンバルを両手に持ちジャーンと打ち鳴らす。言葉だけでは簡単に聞こえますが、何といってもその重さたるや。2枚でおよそ3〜5Kgあるわけですから、持っているだけでも大変です。しかし、音楽の頂点を鮮やかに彩る輝きや、空気を凍てつかせる音色など、ほかの楽器では決してまねできない風景を描ける楽器がこのシンバルという楽器です。いうなれば、その重さやコントロールの難しさに比例して、豊かな音言葉を生み出せる楽器であると言えます。

　シンバルの音色は、例えば管楽器や弦楽器で「ド・ミ・ソ」と奏でられる中で鳴らすと、それら和音の結びつきだけでは表現できない「新たな響き」を生み出します。
　明確な音程がない、倍音豊かなシンバルという楽器だからこそ、管楽器や弦楽器の音に複雑にからみ、素晴らしい音楽を生むのです。裏を返せば、シンバルの音色によって、合奏の音色が変わるといっても決して過言ではありません。

●握り方

　右ページの写真のように、手のひら中央に手革をあて、親指と人さし指で根元付近をグリップ、残りの指とともに、飛行機の操縦かんを握るような感覚で持ちましょう。
　グリップしたら、ゆっくり持ち上げて上下左右に動かしてみてください。そのとき、あまり根元のグリップを締め過ぎると音色に影響しますので、持つ位置も含め、自分に合ったグリップ、無理のないグリップを研究しましょう。イメージとしては、**両手が柔軟な吊しシンバルになるような感覚**です。

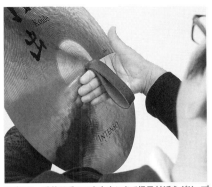

写真29　手革は手のひら中央にあて根元付近をグリップ　　写真30　飛行機の操縦かんを握るような感覚で持つ

●出す音によって変わる「呼吸」

　このまま2枚をぶつけ合わせれば音は出ますが、どんな楽器でも、音を出すには「呼吸」が必要です。一度シンバルを置いて、まずは手で音を出してみましょう。シンバルにとっての呼吸は、シンバル同士を離す（吸う）→合わせる（吐く）という動作を指します。もちろん、普通の呼吸も同時に行いますが、音楽的な呼吸を腕でもしなければ、音楽に合った、自分の思い描いた音色は生まれません。

　この吸う（離す）スピードや距離は、音色に大きく作用します。シンバル同士の距離が遠くなるほど音は大きく、短ければ小さく。スピードも同じく音色に比例していきます。例えば、管楽器奏者は出す音によってブレスの種類を変えますが、シンバルに限らず、打楽器もそうあるべきです。鋭いブレス、あるいはしなやかなブレス（腕の呼吸）が音色にどう作用するのか。この呼吸感＝距離・スピード感をつかみ、変化させ、まずは自分の手でその違いを確かめていきましょう。

●シンバルの練習法

　シンバルの練習とは、**長い時間シンバルを持ち、筋トレすることではありません。**もちろんある程度の「慣れ」は必要ですが、手で出せない音、もっと言えば頭の中にイメージがない音は、音楽にそぐいません。炭酸水の入ったビンのコルクを抜くような軽い音色、この世の終わりのような重い衝撃、

輝かしい朝日、ひそひそ話に句読点を入れるような神妙なきしみ、宇宙の創造など。皆さんはその手で、どれだけの音色を引き出せるでしょうか。想像の枠を無限に広げ、さまざまな音をまずは手のひらで出してみましょう。

●さまざまな奏法

　特にこうしなければならない、といった奏法ではありませんが、一例として、ここでは再び楽器を持ち、いくつかの奏法を見ていきましょう。

◆垂直に構える方法

写真31　同じ位置に面を合わせるように

　シンバルを垂直に持ち、合わさる面を視界に入れた状態で演奏します。エッジ（シンバルのふち）同士を合わせてみたり、少し位置をずらしてみたりしながら、pからmpくらいのイメージで音を出してみましょう。マーチなどのいわゆる「刻み」に使います。打つというより、同じ位置に、文字どおり「合わせる」のがコツです。先ほど手で出したようなイメージで呼吸し、触れ合うシンバルをきちんと見ながら、目と耳を使って練習しましょう。

　2枚が合わさるときの時間を短くしたり、長くしたり、手元でタッチの差を少しつけながら演奏して見てください。シンバルという楽器をコントロールするうえで欠かせない感覚を磨いていきます。

◆角度を付ける方法

　右のページの写真32もオーソドックスな形ですが、角度を付け、左（右）のシンバルに右（左）のシンバルをあてます。左右（上下）を変えたり、角度に変化を付けたりすることで、音色が変わります。腕の呼吸や角度、アタッ

クの加減に変化を付けながら、mf から f の音量で、柔らかい音色、重い音色、輝いた音色などを出してみましょう。

◆下から上へ運ぶ方法

　写真中・右は下から2枚のシンバルをシンメトリー（左右対称）に上へ運び、あたった後に胸部付近で再び開く奏法です。ちょうどローマ字の「X」を下から上に描くイメージで、Xの中央にある線の交わるところが、シンバル同士が当たる場所です。こちらも「X」の開きや角度、長さを変えることで音色が変わります。あたる瞬間のスピードを変えながら、より輝かしい音色を出してみましょう。

写真 32　角度を付けて左右を開ける　　写真 33　「X」の開きや角度を変えて、音色を変える

●エッジの調整

　これらの角度や方向に加え、シンバル同士、どこをあてるかも重要です。
　エッジ同士をぴったり合わせたときと少しずらして合わせたときでは、出てくる音色が変わります。エッジを少しずつずらしながら、皆さんが持っているシンバルの特徴と可能性を探っていきましょう。

●体全体を使って鳴らす

楽器を鳴らすのは腕だけではありません。

f や ff など、重いシンバルに強い衝撃を与えるためには、体を下の写真のように＝振り子のように動かすことも必要になってきます。これは、重心を後ろから前へ移動している写真ですが、足を体の前後に開き、右手を下方向から左手のシンバルに向け振り上げています（左右逆のこともあります）。

この写真では、右足に乗せた体重を左足に乗せかえていますが、左右はどちらでもかまいません。自分に合った立ち方で振り子をイメージして、「シンバル同士が当たる瞬間と体重移動の瞬間が同時」になるよう練習してみましょう。きっと仁王立ちでは生み出せなかった音色が生まれるはずです。

写真 34　振り子のように、重心を後ろから前へ移動しながら演奏する

●さまざまな響き

ひとくちにシンバルといっても厚み、インチが異なるものがさまざまあり、作品によっても用途は多様です。いろいろなタイプの楽器を演奏してみることをお勧めします。

サスペンデッド・シンバル
（吊しシンバル）

主に合奏ではクレシェンドの補助や、効果的な持続音として用いられることが多い楽器ですが、打つ位置によってさまざまな響きが得られます。楽譜上に、スティックで、あるいはトライアングル・ビーターで、といった特定の指定がない限り、木綿で巻かれたマレットを用います。毛糸巻きも使われますが、木綿のほうがよりダイレクトに楽器が反応します。

●演奏する位置

例えば、*pp* で長い音をロールするとき、シンバル全面を振動させるのではなく、下の写真（左）のようにエッジ付近の狭い範囲をロールすることによって、ひずみの少ない、高く透き通った音色が継続的に出せます。

また、クレシェンドなどを伴って広い音世界をつくりたいときは、下の写真（右）のように広く位置取り、シンバル全体を響かせることが大切です。

もちろん、場面に応じてこの二つの位置をうまく変化させることも重要です。通常はあまりカップ（中心）寄りにならないほうがよいのですが、エッジか

写真35　（左）*pp* ではエッジ付近の狭い範囲をロール。（右）クレシェンドなどで広い世界をつくりたい場合は、広く位置取ってシンバル全体を響かせる

ら数cmの範囲でしたら音色にさまざまな変化をもたらしますので、いろいろな場所を鳴らしてみましょう。また、楽器自体の高さをスタンドの調節によって変えると、マレットのあたる角度が変わり、音色が変化します。固定概念にとらわれず「出したい音」が出る高さを探していきましょう。

●ロールのストロークについて

　打楽器は、ロール記号があると、とにかく速く連打しがちですが、このような響きが長く得られる楽器は、ストロークが速すぎると楽器本来の音色を壊してしまいます。

　まずは pp から mp くらいの音量で、１音だけ鳴らしてみてください。思いのほか長く響くはずです。その音が消える前に次の１音、また１音と音色を重ねてみましょう。ある程度響きが切れなくなったら、今度はその左右の打音、音の溝がなくなるところまでストロークの速さを上げてみます。上げるといっても高速連打ではなく、あくまで響きが止まらず、左右の溝がなくなる程度。耳を使ってこの「持続音」を作るのがロール本来の目的です。**シンバルのロングトーン**だと思ってください。

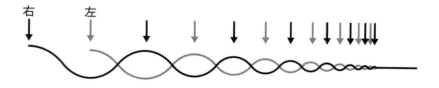

図9　一方の音が消える直前に、もう一方の音色を重ねていくと、やがてロングトーンになる

　シロフォンや小太鼓など音がすぐ止まる楽器と、シンバルや大太鼓など音が延びる楽器のロールは、決して同じではありません。しかし、どちらも共通して言えることは、（打楽器における）**ロールは響きの持続である**ということ。決して速い連打を目的とはしていないのです。

トライアングル

その音色は天使の鐘か、水面のきらめきか —— それが、美しくも儚(はかな)い音色が出せるトライアングルという楽器の魅力です。

●楽器とビーターについて

楽器本体の素材、形状、大きさはもちろん、ビーターにもかなりの種類が存在します。決して安価な楽器ではないトライアングルを何種類もそろえるのは大変ですが、ビーターは何種類かは持っておきたいところです。

ビーター選びで注意したいのは、*pp*だから細くて軽いもの、*ff*だから太くて重いもの、などと短絡的に選ばないことです。こういう条件もある程度は必要ですが、あくまで音色を重視して選びましょう。

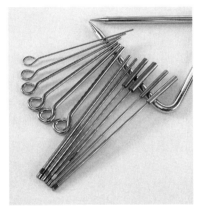

写真36 ビーターの種類はさまざま

●持ち方、奏法

楽器は、楽譜はもちろん、指揮者やアンサンブルするメンバーの気配がきちんと感じ取れる（見える）範囲の高さで構えましょう。楽器の安定も大事です。細いひもを震えながら指に引っ掛けるより、**クリップがあれば楽器が安定し、より演奏に集中できます。**

写真37 楽譜、指揮者、他の奏者の気配を感じ取れる高さに楽器を構える

きほんの「ほ」

演奏は主に、トライアングルの底辺にビーターを当てて演奏しますが、打つ場所やビーターをあてる角度によっても音色が大きく変化します。倍音が多く聴こえる場所も、透き通った音が出る場所・角度もあります。

打楽器全般に言えることですが、トライアングルもまた、どこをどう打っても同じ音がする楽器ではないのです。さらに言えば、作曲家がトライアングルに求めている音色は、決して単色ではありません。シンバル同様、自分の求める音、音楽が求めている音色をどこまでも探していきましょう。

●ロール

トライアングルのロール（持続音）は写真のようにトライアングルの角、上下にビーターを連続してあて演奏します。その上下にあてる強さ・速さはもちろん、2点の距離も重要です。弱いロールは狭く、強いロールは広く上下の距離を取りましょう。

その際、このビーターの角度を変化させると、倍音が変化していきます。やみくもに連打せず、演奏する作品にあった「響き」が出る角度と距離、スピードでロールしてみましょう。

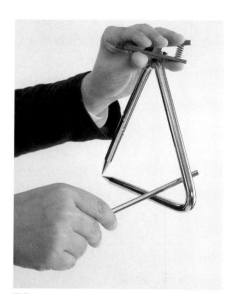

写真 38　ロールではビーターを角で上下に連続して当てる

トライアングルは聴く人の想像力、音楽の風景を、より色鮮やかにする楽器です。川にきらめく水しぶき。夜明けのまぶしい陽の光。想像をかき立てながら、トライアングルという素晴らしい楽器の魅力を存分に引き出してください。

タンバリン

●持ち手はスタンドのようなもの

　ベルリオーズ《ローマの謝肉祭》、ラヴェル《ダフニスとクロエ》、ビゼー《カルメン》など、多くの作曲家がこのタンバリンという楽器に素晴らしいリズムとフレーズを与えてきました。

譜例55　ビゼー：歌劇《カルメン》より〈間奏曲（アラゴネーズ）〉

　片面に張られた胴の周りに、ジングルと呼ばれる鈴が付いているこの楽器は、トライアングルと同じく楽器を片手に持ち、もう一方の手で奏しますが、持っている手はいわば楽器のスタンドです。このスタンド（持つ手）が硬過ぎればタンバリンは硬くなり響かず、逆に柔らか過ぎれば演奏上のコントロールが難しくなります。まずは持ち方からみていきましょう。

●持つ手・奏する手

　親指をヘッドに当て、残りの指は胴の反対側へ。胴をしっかり指全体でグリップしたら、腕自体は決して力まず、右手で奏する音に反応するバネのように、硬過ぎず柔らか過ぎず、柔軟な姿勢で持ちましょう。

　打つ場所は音楽が求める音色、音量などによって変わりますが、**中央に行けば皮の響きが、外側に行けばジングル（鈴）の音色がより濃く**なります。また、演奏するほうの手も、どの指を何本使うのか、指を鳥のクチバシのように固めて使うのか、広げて使うのか、あるいはグッと閉じるのか。奏する手の形、硬度、いうなれば手の表情によってさまざまな音が得られます。例えば、細かなリズムはクチバシのような形でジングル付近で演奏し、はっき

りと大きな一打は指の間隔を広げ中央付近を打つ、というように、奏する位置と手の表情を変化させながら演奏しましょう。

写真39　胴をしっかり指全体でグリップする。柔軟な姿勢が大切

　また、細かなパッセージは、下の写真のように親指と中指・薬指を中心とした指を交互に動かして演奏することもできます。前足・後ろ足のような感覚です。簡単なリズム（ゆっくりな8分音符の連続など）から練習してみましょう。前後の指で鳴らす音が均等に聴こえることが大切です。

写真40　細かく速いリズムは、親指と中指・薬指を交互にあてる。音量が上がれば他の指も加わる

●ロールについて

タンバリンのロール奏法は、楽器自体を細かく揺らす方法（鍵をガチャガチャと開ける要領）と、右の写真のように親指でロールする方法などがあります。

楽器自体を揺らして振動させるロールは、なるべくジングルが片寄らないよう楽器を垂直に持ち、細かく「鍵を開ける」要領で振動させます。その際、手首による振動・ひねりに加え、腕もサポート的に軽く動かすと、より繊細なロールになります。

写真にある指のロールは、楽器のエッジを添うように、親指で手元から円を描くようにこすっています。親指の形状にもよりますが、私はなるべく指の腹、いちばん柔らかいところを打面に当てるようにします。

作品によってダイナミクスの変化が求められることが多いタンバリンのロールですが、まずは p から mp くらいの音量で、ゆっくり振動させ、滑らかで安定した息の長いロールが続くよう練習してみましょう。

写真41　上から、親指によるロール奏法の動き

そのほかの楽器たち

　このほかにも、打楽器には木質の**ウッドブロック**や**木魚**、ラテン楽器と称される、**ボンゴ**や**コンガ**、**マラカス**に**クラベス**など、世界中に打楽器と呼ばれるものが多数存在します。そして、そのすべてに奏法・作法があり、楽器が生まれ、進化してきた歴史があります。それらは、音楽が求める音色や使い方の変化と要望によるところが大きく、その進化はまだ続くと考えてよいでしょう。

●伝統から生まれた変化

　スペインで生まれたカスタネットも、今はクラシック音楽の中にたびたび登場し、伝統的なフラメンコ・カスタネット（写真42）で奏するときもあれば、柄付きのカスタネット（写真43）、さらにテーブル・カスタネットなる、台

写真42　フラメンコ・カスタネット

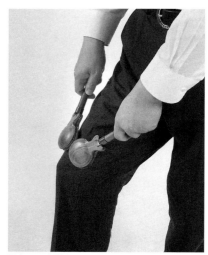

写真43　柄付きのカスタネット

座に置いた楽器も存在します。

　みなさんがよく使うウィンド・チャイムにも、音列を和風の音階に配した楽器が登場するなど、一見原始的な打楽器の世界も、時代とともに、常に新たな音色、新たな奏法を求め続けていることがわかります。

　この章に書いたいくつかの楽器も決して普遍的な扱いを受けてきたわけではなく、先人たちの努力によって進化してきた楽器であり、生まれてきた奏法だと思います。大切なのは、求める音・求められる音が何なのかということ。世界中に数え切れないほど存在する打楽器という楽器だからこそ、より音楽への想像力を高め、音楽が求める、自分が求める唯一の音色を探していきたいですね。

●特殊奏法

　打楽器は、スティックやマレットを使って演奏するだけではなく、ブラシや竹ひご、弓やコイン、スーパーボールなどで演奏することもあります。

　サスペンデッド・シンバルを**弓でこする**場合、そのまま弓で弾くとシンバルが揺れて音が出しにくいため、シンバルのカップ部（中央）を、響きが止まらない程度に指で押さえ、シンバルが揺れないように固定した上で弓を動かします。

　また、**スーパーボールで銅鑼をこする**という奏法は、スーパーボールに針金や長めのピンを刺し、その棒の部分を持ってボールの振動を止めないように工夫します。このボールの大きさによって音色が変わり、小さいほど甲高く、大きいほど低い音が出ます。

　私が以前演奏した打楽器の独奏曲に「シンバルを爪でこする」という指定がありました。私は爪を長くしたことがなかったため、裁縫で使う金属でできた針抜きを加工し、指にはめて演奏した記憶があります。作曲者が考えた特殊な奏法や、それによって求める音をどう表現するか。演奏するだけでなくちょっとした工作も。ここにも打楽器だけのひそかな楽しみがありますね。

きほんの「ほ」

おすすめエチュード

　教本やエチュードは、さまざまな目的と意図をもって書かれています。特に打楽器の場合は、楽器の種類も多く、文化圏の違いも演奏や作品の歴史に深く関わっているため、一つの教え、一つのエチュードだけやればすべてが分かるものではありません。より多くの教本やエチュードに触れることをオススメしますが、どこから手をつけてよいか分からない場合のために、一例としていくつかの本をご紹介していきます。

◆**スティック・コントロール**（G.L. ストーン監修）

　打楽器は、左右均等に安定して手や腕が動くことで自然な演奏が生まれます。理想的な手順を常に利き手から始められたり、左右をずっと交互に動かせるものだけではなく、小太鼓、ティンパニ、マリンバなど楽器や音の事情で手順が変わるものも存在します。この本は、左右変わりなく音を運ぶ（スティックをコントロールしてゆく）難しさと楽しさ、大切さがわかるバイブル的な本です。装飾音符やロールについても学べるようになっています。

◆**コレクション・ドラムソロ**（W.F. ラディック監修）

　基本となる26のルーディメンツ（5つ打ちや7つ打ちなど）を軸に、最初はごくシンプルなフラムやロールを用いた楽譜からはじまり、新たに獲得するテクニックとそれに基づく小品を演奏しながら、自分のレベルに合わせた自由な進み方ができます。最大の特長は何と言ってもこの本を演奏する「楽しさ」です。技術を体得する喜び、それを曲の中で実践できる楽しさにきっと夢中になるでしょう。この系統の本は種類も豊富でレベルもさまざま。多くの本に楽しんでチャレンジしてください。

◆**モダンスクール・フォア・スネアドラム**（M. ゴールデンバーグ監修）

打楽器の初歩から充実したエチュード、さまざまな打楽器のオケスタ（オーケストラ・スタディー）に至るまで、打楽器の魅力が網羅された1冊。エチュードの質・量も申し分なく、打楽器を学ぶ者であればかならず手元に置いておきたい本です。巻末にあるアンサンブル楽譜（ヴァレーズ《イオニザシオン》）も必見。打楽器の奥深さが伝わってくると思います。

◆**モダンスクール・フォア・シロフォン・マリンバ・ヴァイブラフォーン**（M. ゴールデンバーグ監修）

上に紹介したモダンスクールの鍵盤楽器版。スネアドラム版と併せて、打楽器奏者を志す者がかならず通る道であり、まさに名著と呼ぶにふさわしい一冊です。基礎部分の充実もさることながら、特に39のエチュードと銘打たれた小品の数々が素晴らしく、歴史ある本ながら、色あせることなく、今でも多くの演奏家に愛され続けている本です。

他にも**シローン**の「**ポートレイト・イン・リズム**」では、小太鼓の魅力が存分に詰まった小品が並び、小太鼓一つで音楽を奏でる「楽しさ」と「難しさ」を実感できますし、**ドゥレクリューズ**や**ホッホライナー**、**クナウアー**など、ヨーロッパの素晴らしいエチュードに触れることも大切だと思います。

日本で生まれた名著も数多くありますので、一つの本にこだわらず、より多くの教本・エチュードからエッセンスを学んでください。また、ときにはクラシックの名曲をアレンジした**朝吹英一編『マリンバ名曲30選』**のような曲集にも触れ、純粋に名旋律を奏でる喜びを味わうのも大切な経験だと思います。

学校の教科書や参考書は課程を卒業すると使わなくなることも多いですが、教本やエチュードは、**生涯をともにする自身の鏡**のような側面があります。日々のバロメーターとして活用するもの、自身の成長に合わせて味わいが変化するものなど、楽器と同じく、相棒のようにエチュードを育て、エチュードに育てられる関係を築ければ、もっと演奏が楽しくなるはずです。

デイリートレーニング・シート

　練習する人それぞれの視点で日々達成感を味わってもらえるように付録を書きました。指定の繰り返し回数（時間）は、あくまで目安です。

●大切なのは「没頭すること」

　最初のうちは回数や時間など終わりを設けず、自分が納得するまで一つの譜例をやり込んでみてください。手順が無意識に出るようになり、本書で示したような留意点が確認できたら次の譜例に進みましょう。指定のテンポが速過ぎ（遅過ぎ）れば、自分で好きなテンポを決めても、コンディションによって毎日変えてもかまいません。昨日は心地よかった ♩＝120が今日も心地よいとは限らず、響く廊下で練習しているテンポと、防音された音楽室で感じるテンポが同じように感じないのと同じことです。さらに言えば、技術が上達していけば見る目、聞く耳はもちろん、頭の処理能力も変わってきます。**基礎練習は筋トレにあらず**。己を観察し、没頭できるテンポを日々探してください。「テンポなんていつでもどこでも同じ」ではない一面を知ることも大切なことです。自分の感性を信じて基礎練習に向き合っていきましょう。

●段階に応じた使い方をしよう

　日がたつごとに、あるいはうまくなるごとに、テンポをどんどん上げたくなってくるはずです。特に２つ打ちなどはうまく並び始めたら、もっと速くしたくなるはずです。最初は**好きなだけ上げていってよい**と思います。それも一つの喜びです。そのうえで、手が速く動くことより、その**仕組みを理解してコントロールすることのほうが大事**だと気づくときが必ずきます。そのときは、一度テンポを落ち着かせ、逆に遅くゆっくりと観察しながらこれまでの道を振り返るのもよいと思います。ぜひ自分だけの楽しみ方をこのシートと向き合いながら見つけてください。

演奏するアタマとココロ

●カラダの中にアタマとココロを入れよう

　もうお分かりのとおり、楽器を演奏するのはカラダが勝手に動いた結果ではありません。どんな音を出そうか、どんな音だったらいいのかと考え、「よし、これだ！」と決意した意思によってカラダが動き、実際の音となって現れているのです。

　きほんの「ほ」ではカラダの使い方や動かし方について学んできました。これらは、これからみていくアタマ（思考）とココロ（意思）を入れて、より機能させるためのいわば「器」のようなものです。

●根拠に根ざした音をつくる

　ここでいう思考とは、こう演奏したい、こんな音を出したいと思う「根拠」です。本能的、反射的に出す音がないわけではありませんが、なぜそうあるべきかという答えが自分の中に宿れば、出てくる音の説得力が変わると思います。この「根拠」は一つではありません。さまざまな条件や作品が求めるものなどが積み重なって、練り上がって生まれていきます。そして、その根拠を器（カラダ）に伝達するのがココロ（意思）。「この音はこうあるべき」と考えていても、それを具現化しようとする意思がなければただの妄想で終わってしまいます。この意思とはいわば指令のようなものですが、指令を出すタイミングや状況判断が悪ければ、それは独りよがりな演奏になってしまいます。どんなにおいしい食事を作っても、食べてくれる人がいなければ無用のもの。食べたい人に食べたいタイミングで練った料理（根拠）を提供するのがココロ（意思）の役割であるからこそ、柔軟で的確な判断が求められているのです。

　ここからは、いろいろな角度からアタマとココロの「素」となるものをみていきましょう。

人と合わせるということ

●気配を発し、察することが第一歩

　合わせシンバルの項（p.56）でも紹介したように、音を出すには呼吸が必要です。木管楽器の人はブレスを取り、マウスピースをくわえ、舌の状態を整えて発音しますが、打楽器はどうでしょう。何の動作もなくいきなりドン！　と音を出すのに近いものを散見します。

　例えば、隣の人が突然大きくしゃみをしたら驚きますよね。それは、何の前触れもなかったことによる驚きです。人と人が何かを合わせるときに「気配がない」ことほど恐いものはありません。ここでいう呼吸とは、息を吸う、吐くという動作ではなく、今からこういう音を出すよ、という「気配」を指します。それが、息、腕、体、表情など、さまざまな方法によって伝わるようにしていかなければなりません。

　これは、演奏前のブレスに限ったことではありません。弦楽器はアップ、ダウンという2方向のボウイングで音楽を語りますが、その圧力の変化、スピードの変化が、周りの人たちに伝わり、合奏を大きな流れへと導いていきます。打楽器も、弦楽器と同じく、その気配が「見える」楽器です。自分の出したい音、紡ぎたいフレーズが気配となって現れると、きっとアンサンブルする仲間も気付いてくれるでしょう。その気配を発し察することこそが、人と合わせる、アンサンブルをする第一歩だと思います。

●寄り添い、混じり合う

　また、「合わせる」というと縦の線やタイミングばかりに気をとられがちですが、それはむしろごくわずかなものです。寄り添ったり混じり合ったり。それらの言葉のほうが音楽にはふさわしいかもしれません。アンサンブルする中で有機的に意思の疎通をおこない、その結果「合わせる」という強い思いが、「いつのまにか合ってた」となるのが理想だと思います。

そのフレーズはリズミック？ メロディック？

　同じリズム、同じテンポでも、作品が違えばまるで違う音に聞こえることがあります。そのリズムやフレーズが誰と一緒に動き、音楽にどう作用しているかを見極めることが大事です。打楽器はよく「リズム楽器」と称されますが、リズムには「ノリ」も「歌」もあるのです。

●作曲家が求める音色

　スメタナは、〈ブルタヴァ（モルダウ）〉の終盤部分で、モルダウ川の堂々とした流れを讃えています。ティンパニとトライアングルが奏する同じリズムは、単なるリズムでしょうか？　いえ、木管やヴァイオリンの旋律ともシンクロしています。源流から草原や森を抜け、その周りで暮らす人々や風景をさまざまに描いたこの曲の頂点で、輝かしい長調への転調を成し遂げたこの場面のリズムは、どんな音色であるべきでしょう？　旋律であり、リズムでもあり、色彩でもある。作曲家が求める音の姿形は、われわれの理解と想像によって大きく変わります。歌にリズムを強調させるのか、リズムを歌うように奏でるのか。その指針となるのがスコアであり、スコアから読み取った奏者の想像力＝創造力によって、多様な音楽が生まれていくのです。

●一つの作品で主役も脇役も

　演劇やドラマには主役、脇役など明確なポジションがありますが、音楽ではある程度、演奏者に委ねられます。主役も脇役も一つの作品で演じられるのが音楽の大きな魅力です。役割を勘違いしてしまうこともありますが、それもまた音楽の新たな発見です。さまざまな人たちと一緒に音楽という社会を形成するからこそ面白く、そこで自分の役割や使命を考え生きていく必要が生じるのです。「いま自分が演奏している音の役割とはいったい何だろう？」
　まずはそのあたりからゆっくりスコアを眺めてみてはいかがでしょうか。

譜例 56　スメタナ:《わが祖国》より〈ブルタヴァ（モルダウ）〉

打楽器的スコア・リーディングのススメ

　スコアを読む、という行為は難しいことのような気もしますが、音符の音の長さ、速さ、高さなどを示している、ただの記号です。フランス語で書かれた純文学を読むのに比べれば、さほど難しくはありません。中学生まではドレミのドがどこにあるかも分からなかった自分が、なぜいまスコアが読めるのか。それは、音楽や楽譜に興味があったからです。「これはいったい、何だろう？」と。

　地図記号を思い浮かべてみましょう。知っている記号もあれば、何を意味しているのかわからない記号もあります。しかし、知らない記号でも、よく見るとここは海の近く、山の周りにいくつか点在する○○があって……と、自分がわかる範囲、想像できる範囲で膨らませていくと、しだいに記号の正体が分かることがあります。スコアもまさにそうなのです。

●〈新世界より〉のシンバル

　ドヴォルジャークの《交響曲第9番》の楽譜を見てみましょう。

　この作品にたった一度しか登場しないシンバル。シンフォニーの中でたった1音、しかも*mf*という中庸なダイナミクス。**パート譜を見ても、この音の正体が何であるかなど想像がつきません。**

　スコアをよく見ると、その前からしつこく3連符と付点のリズムが躍動し、オーボエの持続音に呼応するように現れるシンバルがそれらの動きを沈め……かと思った瞬間、最後のあがきなのか、何やらすごい勢いで階段（スケール）のような動きが上って、クラリネットの新たなフレーズへとつながっています。

●「分かること」を整理して、自分の役割を知る

　もちろん、こういった解釈や見方は人さまざまですが、分かることから整理するのです。この曲の中でただ一度使われるシンバルの音色に反応して、

譜例57　ドヴォルジャーク:《交響曲第9番〈新世界より〉》第4楽章

どうやら音楽が動いているようだ、ほかの楽器とダイナミクスが違うようだけど、それは何のためだろう？　明らかにシンバル前とシンバル後では音楽の流れが変わっている……いったい何のために、ドヴォルジャークはたった1発のシンバルを書いたんだろう……？と、少しずつ読み解いていくのです。何のためか。それは**自分の役割を「知る」**ためです。

　打楽器はほかの楽器に比べ音数も少ないので、せっかくもらったセリフも、どこで、どんな感情で言えばいいのか分からないときがあります。よく分からないけど何だかやらされたな、では演奏も良くはなりません。そのセリフ、その音楽に自分から興味を持つのです。

　特に打楽器は、演奏時間より待っている時間が長いですよね。待っている間に今日の夕飯に思いをはせるのもいいですが、演奏を存分に楽しむために、記号と向き合い、記号から音楽を浮かび上がらせてみてはいかがでしょうか。その音楽の地図、打楽器には欠かせない大切な地図が、スコアというものなのです。

作曲家から見た打楽器

●楽譜に記せないもの

「ほ」その⑥（p.58）、その⑧（p.63）でも取り上げましたが、シンバルの一撃が朝日を示したり、トライアングルが水面を輝かせたりするわけですが、ほとんどの場合、楽譜にはそのような記述が一切ありません。もっとも、作曲家が残した言葉や伝え聞く話もありますが、演奏者の想像力に委ねられている作品が多いのは事実です。

作曲家にとって打楽器とはどんな存在なのでしょう？ それは作曲家による、と言えばそれまでですが、おそらくほかの楽器と同様に、打楽器だからこそ出せる「色」を求めているのではないでしょうか。しかも特別な色を。

●他の楽器では描けなかった「色」

太陽を絵に描くのはさほど難しくありませんが、そこから放たれる光、目に見えない光線を描くのは実に難しく、川を書いてみたものの、その表面で輝く光を何色で描けばよいのか。リズムにしても単音にしても、作曲家が弦楽器や管楽器で描けなかった「色」を求めたのが、まさに打楽器だと思うのです。それはときに光であり、影であり、有形も無形もあり。それは空気にも近く、世界中どこでも空気は無色ですが、果たして本当に無色と言えるのでしょうか？

気候や天気はもちろん、人の心情までもが空気の色を変えていくように、ほかでは言いようのない色彩、表現できない言葉が打楽器に託され、それを悩み考え、絞り出し、答えを探すことこそが、打楽器の使命であり、醍醐味ではないでしょうか。

三位一体

●技術とは？

　こうして打楽器のあるべき姿、なすべきことを考えていくと、それが技術だけでは成り立たず、かといって技術がなければ何もできないことがわかります。打楽器の技術とは何でしょう。ロールが上手、いい音が出せる、タイミングがいい。どれも素晴らしい技術ですが、それは「そうしないと表現できない音がある」から身に付く技術。では、そう考えるのは誰か。もちろん演奏者自身です。

●出発点は「興味」

　出すべき音の根拠・イメージを考えるアタマ、そう出したいと意思を持つココロ、それを具現化するカラダ。

　その３つが一体となって、初めて技術が身に付き、その技術の上に表現が生まれるのです。基礎練習で磨いたカラダにアタマとココロを宿すために必要なこと。それはみなさんの興味から始まることだと思います。打楽器に興味をもち、知りたくなり、音楽の深淵（しんえん）に近づきたくなる欲求。それこそが、みなさんがうまくなるためにいちばん必要なことです。その気持ちが続く限り、技術がみなさんを助け、表現が技術をさらに磨いてくれると思います。

　そして、これらは決して難しく考えるものではありません。さまざまな局面でいろいろなことを感じる感性を閉じないでほしいのです。音楽に限らず、しばしば右にならえとさせられる場面に遭遇し、そのたびに自分の感性を閉じなければならないと思い込むことがあるでしょう。しかし、音楽はその感性が開いていなければ本当の姿を現しません。みなさんの感性が三位一体となって素晴らしい打楽器の世界、音楽の世界をつくっていってほしいと強く願っています。

メトロノームとの付き合い方

　「メトロノームに頼って練習しても」と、いささか否定的な意見を聞くことがあります。たしかにメトロノームに合わせて音を並べる行為には何の意味もありません。しかし、音楽が求めるテンポを確認したり、難しいフレーズをさらったりするとき、味方になって一緒に練習してくれるのは、やはりメトロノームです。どうやってこの機械と付き合っていくべきでしょうか。

●聴いて合わせるのではなく……

　「メトロノームには合うけど、合奏だと合わない」という話をよく聞きますが、多くの場合、その付き合い方がよくありません。メトロノームが発するカチコチという音を「聞いて合わせて」いるのです。それでは、メトロノームがなくなると、合わせるものがなくなって不安しか残りません。大切なのは、メトロノームであってもアンサンブルすること。つまり、こちらから気配を出すのです。もっと言えば、メトロノームについていくのではなく、メトロノームを引っ張っていく。決して機械だからとバカにしているわけではないと思いますが、メトロノームに合わせるのは、それに等しい行為です。

　メトロノームは生真面目な性格なゆえに絶対テンポを変えない。このマジメ過ぎる仲間をどうやって引っ張ってゆこうか、なんて考えながら練習すると、この機械との練習に新たな意味が生まれてきます。アンサンブルする脳が動き出すのです。さらに物理的にも、自然とテンポの先端をつかむようになるので、合わなかったものがなぜ合わないのかが見えてきます。乗り遅れたバスに慌てて後ろから乗るより、バスを誘導しているほうが全体像を把握しやすいのです。このバスは音楽そのもの。このバスを誘導しているのは、カラダが反応しているのではなく、みなさんの思考と意思がそうさせているのです。

メンテナンス

　あまりメンテナンスされていない楽器をチューニングしようとすると、ボルトやふだん見えない溝などから大量のホコリやゴミが出てくることがあります。もちろん楽器にとって決して良い状態とは言えません。きちんと汚れを拭き取り、必要な箇所にはグリスや油を差すなどのケアが必要です。

　また、楽器を支えるスタンドなども、メンテナンスをしておかないと足元の三脚（可動部）がたためなくなるほど硬くなります。必要であれば潤滑油などを差しましょう。部位によって使うべき油が違ったり、差してはいけない箇所もあります。楽器店や周りの有識者に確認しましょう。

●楽器の数は多いけれど……

　打楽器奏者は、メンテナンスすべき楽器の量や重さがほかの楽器の比ではなく、ついつい見て見ぬフリをしてしまいがちです。しかし、楽器が扱いづらくなり故障すると、結果的には余計なストレスがかかります。メンテナンス作業そのものが楽器の仕組みを知ることにもなるので、ぜひ時間を作って定期的にメンテナンスをしてください。以下はメンテナンス項目の一例です。修理や部品交換が必要になる場合もあるので、ぜひチェックしてみてください。

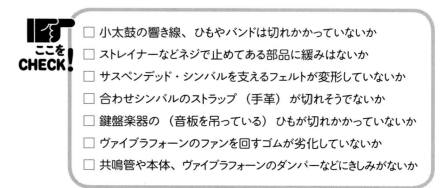

スティック、マレットの選択

　理想を言えば、選べるバチの種類があればあるほど楽しいわけですが、無数にあるバチを何もわからずに選ぶのは至難の技。各メーカーのカタログにも詳細が記載されていますが、ここではその判断基準となる基本的な特徴をみていきましょう。バチの特性が、奏者が求める音色の手助けをしてくれます。

●スティック編

　スティックに、主にチップの形状、スティックの素材、長さや太さ、テーパー（ショルダー）のかかり具合などが異なります。

　スティックの素材としては、ヒッコリー、メイプル、オーク、ローズウッドなどがあり、それぞれ硬さや重さが異なります。チップの形状もさまざまです（p.6参照）。

　スティック選びは、この素材やチップの種類によるところが大きいですが、ほかの人が良いというものが自分にとっても良いとは限りません。実際に手に触れてみて、グリップの感触（太過ぎないか・細過ぎないか）を確認し、実際に打って（振って）みてバランスの良いスティックを選びたいところです。練習台で基礎練習をするスティックも、できるだけ使いやすく、重さ、長さ、バウンド感など、自分にとって過不足ないものを選んでください。

●ティンパニ・マレット編

　ティンパニ・マレットの柄は、メイプル材やヒッコリー材などの木製のものと、竹製のものが主です。ほかの種類もありますが、ここではその2種類をみていきましょう。木製のマレットはその素材から加工しやすく、スティックのようにショルダーのあるものから真っすぐなものまで、太さ・細さもさまざまです。マレット自体の重さも竹製のものに比べるとしっかりとした重さがあります。竹製のマレットは、その軽さと高価さから初心者には敬遠さ

きほんの「上」に

れがちですが、単音に限らずロール時の音程感、音色感は木製では得られないものです。フェルトが巻かれたヘッド部にも、コルクの芯やウッド芯（その形状もさまざま）があり、フランネルと呼ばれる生地をネジ止めしたものもあります。カタログなどでは「ハード／ソフト」など硬度が示してありますが、できれば数種類はそろえておきたいところです。私は中高時代に木バチ、大学から竹バチを使いましたが、どちらもそれぞれに良さがあり、自分の体の成長や、演奏や音色に対する考えの変化に合わせて、自然と求めるバチが変わっていくのがベストだと思います。

●マリンバ（ヴァイブラフォーン）・マレットとシロフォン（グロッケン）・マレット

マリンバ（ヴァイブラフォーン）で使う、毛糸や綿で巻かれたマレットは、その種類もかなり豊富です。柄は藤（ラタン）というしなりのある素材や、バーチ材という軽くて曲がりにくいものなどがあり、長さもさまざま。ヘッドの形状や素材も多種多様です。ほかのマレットと同様、奏法や扱いやすさ、求める音色によって選びたいところですが、使っている楽器との相性も十分考慮しなければなりません。どんなに素晴らしいマレットだと思っても、それを受ける器（楽器）が呼応しなければ、自己満足になってしまいます。

シロフォンのマレットもナイロンや黒檀（こくたん）やローズウッドなどがあり、ヘッド部の大きさもさまざま。グロッケンはそれらに加え、真鍮（ちゅう）やアルミなど金属でできたものから、その金属を樹脂でコーティングしたものまであります。ヘッドの形状・大きさ・素材によって得られる音色も変化していきますので、例えばグロッケンであれば、金属・黒檀（木あるいは人工樹脂なども）といくつか素材の種類があるとよいと思います。

芸術を志す者として「弘法筆を選ばず」の精神も大切ですが、それより筆（バチ）を丹念に選び、悩み、求めることのほうがはるかに大事だと思います。バチは決してうまくなる道具ではありません。バチ選びは音色選び、色付けされた筆選び。この音（色）をどう使うべきか。この色が出るなら、こう演奏すればもっと違う色になるかも、と感じる感性こそが何より大事であり、バチ選びはそんな感性の扉を開くきっかけでもあるのです。

セッティング

●自然な流れで演奏できるセッティング

合奏でのセッティングについてみていきます。吹奏楽でマーチを演奏するとき、**大太鼓とシンバル**が離れているのを時々見かけますが、よほどの事情がない限り、**バッテリーと呼ばれるこの二つの楽器はできるだけ近くに**設置したいところ。

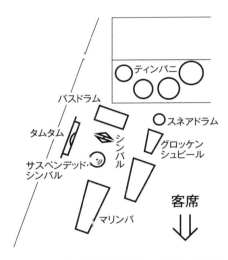

図10 舞台下手側の打楽器配置例。バッテリーである大太鼓と合わせシンバルを近くに配置する

左の図は、これは舞台下手（しもて）に打楽器を設置した例です。

いちばん奥にあるティンパニから見ると、近くに同じ皮膜楽器の大太鼓、その前に小太鼓と皮膜楽器が集まっていて、大太鼓の横にはバッテリーである合わせシンバル、さらにその仲間のサスペンデッド・シンバル、後ろに銅鑼と金属楽器を配置しています。木管楽器の後ろにあたる前列には鍵盤楽器が並び、音の通りやすい楽器ほど奥に配置しているのがわかります。ほかの管弦同様、**同族楽器の響きや動きを考慮**した結果ですが、作品によって使う楽器も音響的な効果も違ってきます、絶対的な正解はありません。実際の作品と、みなさんが並べている楽器群を照らし合わせ、より演奏しやすく、かつ機能的・効果的な並びを考えてみましょう。

また、トムトムと小太鼓の組み合わせなど、**一人で複数のパートを演奏するときの個別セッティング**も機能的に組みたいところです。ここで言う機能

きほんの「上」に

的とは、**いかに自然な流れで演奏できるか**ということ。楽譜を参考に、手順やバチ運びが引っかかりなく動くよう工夫してみましょう。横1列に並べるのか、半円を描くように並べるのか、並列におくか……可能性はさまざまです。

●演奏解釈の一部としてのセッティング

これがもっと高度な打楽器の独奏曲などになれば、セッティングをめぐる考えはさらに複雑になっていきます。たとえば石井眞木《サーティン・ドラムス》では13個の皮膜楽器を使いますが、奏者によってそのセッティングはさまざま。一例を挙げましょう。

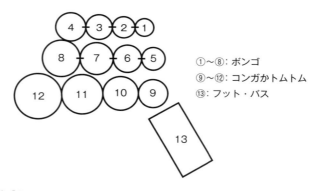

図11　石井眞木《サーティン・ドラムス》のセッティング例

このセッティングは手順や師匠に教わったものを元に組んだものですが、たとえば腕の動きや音楽の見せ方など、奏者にとっての優先順位しだいで、ほかのセッティングの可能性も考えられます。**セッティングは、奏者にとって作品理解の一部**であるとも言えます。

打楽器奏者はさまざまな楽器を準備し、セッティングを悩み、マレット選びに迷い、尽きることなく手順の検討を重ねながら練習を進めます。つまり、**演奏以前にやらなければならないことがたくさんある**のです。そしてこれは、打楽器だからこそ味わえる最高の苦労とも言えます。大切なのは、それらの苦労が音に現れ、自然な演奏に結びついていくこと。ぜひ自分だけのセッティングを見つけていってください。

これからも打楽器と友人であるために

●はじめて買ったスティック

みなさんは自分のスティックやマレットを何組お持ちでしょうか。

私は九州の田舎町で育ち、中学生のとき吹奏楽部に入りました。何となくスティックや楽器に興味はありましたが、当時はいまのようにAmazonも通販もなく、楽器屋に行くためには、バスで片道1時間以上かけて行くしか方法がありませんでした。ましてや少年時代ですのでスティックを買う余裕もなく、バスの運賃だってばかにならない。そこで私は、毎月少しばかりもらうお小遣いを数か月かけて貯め、バス代とスティック代に達するのをひたすら待ちました。ようやく貯まったお金を握りしめ、バスに揺られて着いた楽器屋さんで、それはもう、長い時間をかけてスティックを選びました。

そして、さんざん悩んだあげく買ったのは、チップがプラスチックでできたスティック。選んだ理由は「そんなスティック初めて見たから」でした。それがロックドラマー向きのスティックだと知ったのはずいぶん後になってからのこと。決して大成功とは言えないお買い物でしたが、これが私を打楽器に興味を持たせる大きなきっかけになりました。

そのスティックはよく鳴るけど、どちらかと言えばバチンというような硬質な音、学校にある普通のスティックのように柔らかい音が出ない。せっかく買ったのだからと、ムキになってそのスティックで柔らかい音を出そうと試みましたが、どうしても音が立ってしまう。つたない技術なうえに知識もない。けれど興味だけはある。意地もあって、また数か月を待って楽器屋に向かいました。そこで吟味して買ったのは、またしても特殊なスティック。「学校にこんなのないから」という理由だけで買ってしまい、またもんもんとした日々を送ることとなりました。

きほんの「上」に

その失敗の連続から、やがて少しずつオーソドックスなスティックにひかれはじめ、中学を卒業する頃になって、ようやく「学校にあるような普通のスティック」を購入。スティックを初めて買ってから3年近くたっていました。

●失敗から探求へ

　いま思えば、この失敗の連続が打楽器への興味につながり、音を出す面白さも難しさも感じることができたような気がします。多感な時期ということもあったのでしょうが、スティックを握り、楽器の前に立つ毎日がとにかく幸せでした。もちろん、最初からすべてに興味があったわけでも、打楽器的なセンスがすこぶる良かったわけでもありません。あの特殊なスティックとの出合いが、いい音を出すことへの欲求となり、そのために必要な技術が何なのかと教則本を見よう見まねでさらい、楽器の様子がおかしければ何度もチューニングを試みました。そうこうしているうちに、打楽器という楽器、打楽器を通して音楽をするということが少しずつ好きになっていったのです。

　本書を読んでいただいたみなさんも、おそらく打楽器が大好きで、うまくなりたいという思いがあふれていると思います。そしておそらくこれからも、打楽器や音楽についてわからないこと、できないことがたくさん出てくると思います。しかし、それはみなさんがこうなりたい、こんな音を出したいと求めている限り、無限に続く悩みであり、演奏する者にとって最高の幸せでもあります。

おわりに

　どんな世界でもそうだと思いますが、音楽の練習はやらされるものではなく、やりたいと自分が思うことから始まります。かくいう私も、楽器を始めた頃から練習が大好きだったわけではありませんが、さまざまな音楽体験や心身の成長、心の葛藤の中で、カラダの練習だけではなく、「考える」ことが必要かもしれないと思い始め、冒険少年のように自分の出したい音の正体を探し求めているうちに、少しずつ音楽という世界にのめり込み、気づけば打楽器と音楽の虜(とりこ)になっていきました。

　また、練習とは、なにも楽器の前に立っているときばかりではありません。スコアをながめたり自分の知らない音楽を聴いてみたり、ほかの芸術にも触れ、本を読みあさり、ときには自然の中で木々の葉音や風そよぐ音に耳を澄ませることすら含めて、それらすべてが、自分の中に音楽をかたちづくっていくための欠かせない「音楽の時間」になっていくのです。

　音楽作品では、たとえば「歩く」という表現も、Andanteという言葉やテンポ表記などで示し、音符とそれらに付随する記号、わずかな言葉などから想像して表現しなければなりません。作品のタイトルや解説、語り継がれてきたエピソードなどがあったとしても、それは作品理解へのヒントでしかないのです。**楽譜から思い描く世界を、自らの経験や知識の上で創造していく。**この過程は「解釈」という安易な言葉で示せるものではなく、この音、この音楽はこうあるべきだという信念と哲学によって生まれるものだと思います。

　本書は、教えを強いるのではなく、素晴らしき打楽器と音楽の世界への道先案内、扉のような本として書きました。一人一人の感性を大事に、打楽器という筆を存分に使いながら、これからも素敵な音楽を描き続けてください。

2018年12月

冨田 篤

特別寄稿

「本番力」をつける、もうひとつの練習
誰にでもできる「こころのトレーニング」

大場ゆかり

　演奏によって、私たちの心を動かし、魅了してくれるすばらしい音楽家たちは、表現力が豊かで卓越した演奏技術はもちろんのこと、音楽に対する深い愛情をもち、音楽を楽しむ気持ちを大切にしています。そして、音楽や自分なりの目標や夢の実現に向け、真摯に音楽と向かい合っています。また、逆境やアクシデントをチャレンジ精神やポジティブ・シンキングで乗り越える強さとしなやかさもあわせもち、演奏前や演奏中には高い集中力を発揮しています。

　さて、日々の練習の集大成として最高のパフォーマンスをするため、本番に理想的な心理状態で臨むためには、心の使い方や感情・気分のコントロールができるようになることが必要です。

●こころのトレーニングを始めよう!

　まずは、これまでやっていたこと、できそうなこと、やってみようかなと思えることに意識的に取り組んでみましょう。

①練習前後に深呼吸をしたり、目を閉じて心を落ち着かせる
　　緊張・不安、やる気のコントロール
②練習中に集中できなくなったときに体を動かしたり、気分転換をする
　　集中力の維持・向上
③ちょっとした空き時間や移動時間を利用して曲のイメージを膨らませる
　　イメージトレーニング
④本番で拍手喝さいを受けている自分を想像する
　　イメージトレーニング

⑤練習記録をつける
   目標設定とセルフモニタリング（記録と振り返り）
⑥寝る前にストレッチやリラックスする時間をとる
   ストレスの予防・対処

●「練習記録」と「振り返り」でステップアップ！

　上達のためには、本番や目標への取り組み過程や練習内容・成果、体調・気分、できごとを記録し、振り返ることが大切です。記録と振り返りを行うことにより、自分の状態や課題、自分自身の体調や気分の波、練習の成果が現れるプロセスやパターンに気付けるようになります。また、記録することで、取り組み内容や頑張ってきたこと、工夫したことなどを、自分の目で見て確認することができるため、やる気を高く保つことにもつながります。本番前など不安が大きくなったとき、自信がもてないときに、あなたの練習記録があなたを励まし、本番に向かう背中を押してくれることでしょう。

練習記録の例

わたしの練習日記

日付	できた？	練習内容	結果	体調・気分
4月8日(月)	△	基礎練	スケールをいつも間違える	寝不足
4月9日(火)	◎	課題曲のC	うまくできた	元気
4月10日(水)	○	パート練	Eのユニゾンがそろった！	元気
4月11日(木)	△	譜読み	臨時記号で間違える	だるい
4月12日(金)	○	課題曲の全体合奏	いい感じ！	◎！
4月13日(土)	×	イメトレ	模試でほとんどできなかった	微熱
4月14日(日)	○	ロングトーンとスケール	10分だけだったけど、集中していい音が出せた	元気。午後からは遊んだ

《4月2週目まとめ》　←振り返る（1週間でなく1か月単位でもよい）

●先週より音が良くなってきたかも。
●指はやっぱり難しいから来週はゆっくりから練習しよう。

● 「振り返り」のポイント

　これまで練習してきたことや取り組んできた課題、目標が十分に達成できたかについて考えましょう。

　本番の成績や順位、点数、合否、ミスタッチの有無など「結果」も気になりますが、「プロセス（これまでの頑張り）」に注目しましょう。

●音楽と長く楽しく付き合っていくこと

　心理学者のアンジェラ・リー・ダックワース博士は、一流と呼ばれる人たちは、生まれもった才能や資質に恵まれている特別な人なのではなく、グリット（やり抜く力）と呼ばれる一つのことにじっくりと取り組み、失敗や挫折にめげずに粘り強く取り組む力や努力を続ける力が非常に高いことを明らかにしました。ダックワース博士は、「努力によって初めて才能はスキルになり、努力によってスキルが生かされ、さまざまなものを生み出すことができる」と言っています。たとえ、2倍の才能があっても2分の1の努力では決してかなわないというのです。

グリット（やり抜く力）

●情熱
- 一つのことにじっくりと取り組む姿勢
- 長期間、同じ目標に集中し続ける力

●粘り強さ（根気）
- 挫折にもめげずに取り組む姿勢
- 必死に努力したり挫折から立ち直る力

せっかく始めた音楽を「才能がない」「素質がない」と言ってあきらめてしまったり、頑張ることをやめてしまったら、それは、自分で自分の可能性の芽を摘み、自らできるようになる未来を放棄してしまっていることと同じことになってしまいます。もし、「どうせ」「無理」「できない」と弱気の虫が出てきてしまったら、あきらめてしまう前に、音楽を好きだ・楽しいと思う気持ちや、初めて楽器に触れたときのこと、初めて良い音が出せたと思えたときのこと、仲間や聴衆と心を通わせ音を合わせて紡いだメロディーや一体感を思い出してみてください。

　そして、できない・うまくいかない今のことばかりにとらわれ続けて、ただやみくもに練習を繰り返すのではなく、できるようになった未来を明確に思い描きながら、できない今とできるようになった未来の違いを考えてみましょう。

　そうすると、できるようになるためにどうすればよいのか、今、自分に必要な練習は何か、乗り越えるべき課題は何かをはっきりさせることができます。さらに、うまくできている人のまねをしてみたり、うまくいくコツを見つけたり体感したりしながら、さまざまな工夫や試行錯誤を繰り返すことが、課題を克服するための具体的で現実的かつ効果的な練習にもつながります。

　才能や能力は伸びるものだと信じ、「今はまだできなくても、練習すればできるようになる」と考えるようにすると、今はまだできない課題の克服のための努力や挑戦を続けていく力が生まれてきます。まずは、「必ず、できるようになる！」と強く信じ、日々、できたことやできるようになったことに注目しながら、あきらめず、粘り強く、できるようになっていくプロセスを楽しみつつ、音楽と長く楽しく付き合っていってください。

大場ゆかり　九州大学大学院人間環境学研究科博士後期課程修了。博士（人間環境学）。武蔵野音楽大学専任講師としてメンタル・トレーニング等の講義を担当。『もっと音楽が好きになる　こころのトレーニング』を音楽之友社より刊行。

著者プロフィール

Photo © TAKUYUKI SAITOH

冨田 篤（とみた・あつし）

打楽器奏者。東京音楽大学卒。1975年熊本生まれ。野口力、菅原淳、岡田眞理子、藤本隆文の各氏に師事。現在、ブリヂストン吹奏楽団久留米音楽監督・常任指揮者。活水女子大学音楽学部、福岡第一高等学校音楽科各講師。パーカッシヴ・フォース主宰、ソナーSQ２クラシカルアーティスト、西日本打楽器協会理事。グラステイルの名で作品を発表。著書に『息を聴け』（新潮社）がある。

もっと音楽が好きになる　上達の基本　パーカッション

2019年 2月10日　第1刷発行
2023年 8月31日　第3刷発行

著者 ──── 冨田 篤
発行者 ──── 堀内久美雄
発行所 ──── 株式会社　音楽之友社
　　　　　　〒162-8716　東京都新宿区神楽坂6-30
　　　　　　電話　03（3235）2111（代表）
　　　　　　振替　00170-4-196250
　　　　　　https://www.ongakunotomo.co.jp/

装丁・デザイン ── 下野ツヨシ（ツヨシ＊グラフィックス）
カバーイラスト ── 引地 渉
本文イラスト ── かばたたけし（ツヨシ＊グラフィックス）
楽譜浄書 ──── 中村匡寿
写真 ─────── 岡崎正人
協力 ─────── コマキ通商株式会社
印刷・製本 ── 共同印刷株式会社

©2019 by Atsushi Tomita　Printed in Japan
ISBN978-4-276-14591-7 C1073

本書の全部または一部のコピー、スキャン、デジタル化等の無断複製は著作権法上の例外を除き禁じられています。また、購入者以外の代行業者等、第三者による本書のスキャンやデジタル化は、たとえ個人や家庭内での利用であっても著作権法上認められておりません。
落丁本・乱丁本はお取替えいたします。